日本の神社博物館

青木 豊 編

雄山閣

目次

北 海 道

【北海道】

旭川神社・旭川兵村記念館……………………………………（編集部）……11

福住厳島神社・福住開拓記念館………………………………（下湯直樹）……12

義経神社・義経資料館…………………………………………（編集部）……13

東 北

【青森県】

櫛引八幡宮・国宝館……………………………………………（下湯直樹）……14

高照神社・宝物館………………………………………………（下湯直樹）……15

【岩手県】

盛岡八幡宮・神宝殿……………………………………………（編集部）……16

【宮城県】

志波彦神社鹽竈神社・鹽竈神社博物館………………………（水谷円香）……17

竹駒神社・馬事博物館…………………………………………（水谷円香）……18

宮城縣護國神社・青葉城資料展示館…………………………（水谷円香）……19

宮城縣護國神社・英霊顕彰館…………………………………（編集部）……20

【秋田県】

金峯神社・宝物殿………………………………………………（下湯直樹）……21

真山神社・なまはげ館…………………………………………（下湯直樹）……22

大日神社・大館市民舞伝習館…………………………………（編集部）……23

綴子神社・内館文庫収蔵書庫…………………………………（下湯直樹）……24

【山形県】

上杉神社・稽照殿………………………………………………（佐藤直紀）……25

金峯山神社・金峯山博物館……………………………………（佐藤直紀）……26

出羽三山神社・出羽三山歴史博物館…………………………（佐藤直紀）……27

【福島県】

伊佐須美神社・宝物殿…………………………………………（青木　豊）……28

開成山大神宮・宝物殿…………………………………………（青木　豊）……29

関　東

【茨城県】

大洗磯前神社・大洗海洋博物館……………………………（森泉　海）…… 30

回天神社・回天館…………………………………………（森泉　海）…… 31

笠間稲荷神社・笠間稲荷美術館…………………………（青木　豊）…… 32

鹿島神宮・宝物館…………………………………………（森泉　海）…… 33

常磐神社・義烈館…………………………………………（森泉　海）…… 34

【栃木県】

栃木県護国神社・資料館…………………………………（上西　亘）…… 35

日光東照宮・宝物館………………………………………（森泉　海）…… 36

日光二荒山神社・宝物館…………………………………（伊藤慎二）…… 37

乃木神社・宝物館…………………………………………（上西　亘）…… 38

【群馬県】

一之宮貫前神社・宝物館…………………………………（青木　豊）…… 39

上野総社神社・宝庫………………………………………（編集部）…… 40

世良田東照宮・宝物保管陳列所…………………………（青木　豊）…… 41

妙義神社・宝物殿…………………………………………（青木　豊）…… 42

【埼玉県】

三峯神社・秩父宮記念三峯山博物館……………………（編集部）…… 43

【千葉県】

香取神宮・宝物館…………………………………………（森泉　海）…… 44

【東京都】

井草八幡宮・井草民俗資料館……………………………（李　文子）…… 45

大國魂神社・宝物殿………………………………………（伊藤大祐）…… 46

葛西神社・宝物殿…………………………………………（水谷円香）…… 47

神田神社・神田明神資料館………………………………（上西　亘）…… 48

熊川神社・村人の資料館…………………………………（伊藤慎二）…… 49

金王八幡宮・宝物殿 ……………………………………（中島金太郎）…… 50

品川神社・宝物殿…………………………………………（伊藤大祐）…… 51

富岡八幡宮・資料館………………………………………（上西　亘）…… 52

新田神社・宝物殿…………………………………………（伊藤大祐）…… 53

乃木神社・宝物殿 ………………………………………（小島有紀子）…… 54

日枝神社・宝物殿 ……………………………………（小島有紀子）…… 55

武蔵御嶽神社・宝物殿 ………………………………（伊藤慎二）…… 56

明治神宮・聖徳記念絵画館 …………………………（伊藤大祐）…… 57

明治神宮・宝物殿 ……………………………………（小島有紀子）…… 58

靖國神社・遊就館 ……………………………………（上西　亘）…… 59

湯島天満宮・宝物殿 …………………………………（上西　亘）…… 60

【神奈川県】

江島神社・弁天堂（奉安殿） …………………………（伊藤慎二）…… 61

鎌倉宮・宝物殿 ………………………………………（上西　亘）…… 62

寒川神社・方徳資料館 ………………………………（青木　豊）…… 63

三之宮比々多神社・三之宮郷土博物館 ………………（伊藤慎二）…… 64

鶴岡八幡宮・宝物殿 …………………………………（伊藤慎二）…… 65

箱根神社・宝物殿 ……………………………………（森泉　海）…… 66

八菅神社・宝物館 ……………………………………（青木　豊）…… 67

報徳博物館 ……………………………………………（森泉　海）…… 68

師岡熊野神社・熊野郷土博物館 ……………………（伊藤慎二）…… 69

若宮八幡宮郷土資料室・金山神社資料室 …………（伊藤慎二）…… 70

中　　部

【山梨県】

武田神社・宝物館 ……………………………………（青木　豊）…… 71

山県神社・甲斐市竜王歴史民俗資料館 ……………（青木　豊）…… 72

山梨縣護國神社・史実資料館 ………………………（青木　豊）…… 73

【長野県】

御嶽神社・御嶽山史料館 ……………………………（編集部）…… 74

諏訪大社・宝物殿 ……………………………………（編集部）…… 75

戸隠神社・青龍殿 ……………………………………（青木　豊）…… 76

穂高神社・資料館（御船会館） ………………………（青木　豊）…… 77

【静岡県】

井伊谷宮・史料館 ……………………………………（青木　豊）…… 78

井伊谷宮・日本絵馬史料館 …………………………（青木　豊）…… 79

伊豆山神社・熱海市立伊豆山郷土資料館 …………（内川隆志）…… 80

久能山東照宮・博物館……………………………（大竹弘高）……81

静岡縣護國神社・遺品館……………………………（上西　亘）……82

静岡浅間神社・静岡市文化財資料館………………（大竹弘高）……83

東口本宮冨士浅間神社・御鎮座千二百年記念資料館（落合知子）……84

三嶋大社・宝物館……………………………………（森泉　海）……85

【新潟県】

春日山神社・記念館…………………………………（齋藤　唯）……86

前島記念館……………………………………………（齋藤　唯）……87

弥彦神社・宝物殿……………………………………（齋藤　唯）……88

【富山県】

鹿嶋神社・朝日町宮崎自然博物館…………………（落合知子）……89

富山縣護國神社・遺芳館……………………………（落合知子）……90

【石川県】

白山比咩神社・宝物館………………………………（鈴木孝規）……91

須須神社・宝物殿……………………………………（下湯直樹）……92

本折日吉神社・山王宮宝物殿………………………（鈴木孝規）……93

【福井県】

劔神社・宝物殿………………………………………（野中優子）……94

八幡神社・敦賀郷土博物館…………………………（中川佳三）……95

福井県護国神社・遺品館（秀芳館）………………（鈴木孝規）……96

平泉寺白山神社・宝物館……………………………（編集部）……97

【愛知県】

熱田神宮・宝物館……………………………………（大貫涼子）……98

真清田神社・宝物館…………………………………（大貫涼子）……99

【岐阜県】

高賀神社・宝物殿……………………………………（落合知子）…100

関市洞戸円空記念館…………………………………（落合知子）…101

千代保稲荷神社・温故集成館………………………（青木　豊）…102

長滝白山神社・白山文化博物館……………………（落合知子）…103

長滝白山神社・瀧宝殿………………………………（鈴木孝規）…104

長滝白山神社・若宮修古館…………………………（落合知子）…105

飛騨護国神社・遺品館………………………………（落合知子）…106

星宮神社・生活資料館……………………………（落合知子）…107
星宮神社・美並ふるさと館…………………………（落合知子）…108

近　畿

【三重県】
伊勢神宮・式年遷宮記念神宮美術館………………（河合菜々瀬）………109
伊勢神宮・神宮徴古館………………………………（河合菜々瀬）………110
伊勢神宮・神宮農業館………………………………（河合菜々瀬）………111
お伊勢まいり資料館…………………………………（河合菜々瀬）………112
【滋賀県】
油日神社・甲賀歴史民俗資料館……………………（下湯直樹）…113
近江神宮・時計館宝物館……………………………（小島有紀子）…114
押立神社・宝物館……………………………………（松林有紀）…115
建部大社・宝物殿……………………………………（小島有紀子）…116
筒井八幡神社・木地屋民芸品展示資料館…………（松林有紀）…117
【京都府】
大石神社・宝物殿……………………………………（下湯直樹）…118
北野天満宮・宝物殿…………………………………（渡邉亜祐香）…119
豊国神社・宝物館……………………………………（下湯直樹）…120
乃木神社・宝物館・記念館・復元旧邸……………（下湯直樹）…121
藤森神社・宝物殿（馬の博物館）…………………（下湯直樹）…122
松尾大社・神像館……………………………………（下湯直樹）…123
安井金比羅宮・金比羅絵馬館………………………（下湯直樹）…124
霊山護国神社
幕末維新ミュージアム「霊山歴史館」……………（渡邉亜祐香）…125
【大阪府】
誉田八幡宮・宝物館…………………………………（小島有紀子）…126
住吉大社・住吉文華館………………………………（齊藤千秋）…127
玉造稲荷神社・難波玉造資料館……………………（伊藤慎二）…128
道明寺天満宮・宝物館………………………………（齊藤千秋）…129
【兵庫県】
大石神社・義士史料館………………………………（齊藤千秋）…130

長田神社・宝物庫‥‥‥‥‥‥‥‥‥‥‥‥‥‥‥（齊藤千秋）‥‥　131

湊川神社・宝物殿‥‥‥‥‥‥‥‥‥‥‥‥‥‥‥（齊藤千秋）‥‥　132

【奈良県】

大神神社・宝物収蔵庫‥‥‥‥‥‥‥‥‥‥‥‥‥（伊藤慎二）‥‥　133

春日大社・神苑（萬葉植物園）‥‥‥‥‥‥‥‥‥（渡邉亜祐香）‥‥　134

春日大社・宝物殿‥‥‥‥‥‥‥‥‥‥‥‥‥‥‥（渡邉亜祐香）‥‥　135

吉水神社・書院‥‥‥‥‥‥‥‥‥‥‥‥‥‥‥‥（渡邉亜祐香）‥‥　136

【和歌山県】

熊野那智大社・宝物殿‥‥‥‥‥‥‥‥‥‥‥‥‥（青木　豊）‥‥　137

熊野速玉大社・熊野神宝館‥‥‥‥‥‥‥‥‥‥‥（青木　豊）‥‥　138

熊野本宮大社・宝物殿‥‥‥‥‥‥‥‥‥‥‥‥‥（青木　豊）‥‥　139

隅田八幡神社・資料室‥‥‥‥‥‥‥‥‥‥‥‥‥（青木　豊）‥‥　140

中　　　国

【鳥取県】

宇倍神社・徴古館‥‥‥‥‥‥‥‥‥‥‥‥‥‥‥（下湯直樹）‥‥　141

倉田八幡宮・宝物殿‥‥‥‥‥‥‥‥‥‥‥‥‥‥（下湯直樹）‥‥　142

【島根県】

赤穴八幡宮・資料館‥‥‥‥‥‥‥‥‥‥‥‥‥‥（宮沢明久）‥‥　143

出雲大社・宝物殿（神祜殿）‥‥‥‥‥‥‥‥‥‥　（編集部）‥‥　144

隠岐神社・海士町後鳥羽院資料館‥‥‥‥‥‥‥‥（青木　豊）‥‥　145

黒木神社・黒木御所碧風館‥‥‥‥‥‥‥‥‥‥‥（青木　豊）‥‥　146

須佐神社・スサノオ館‥‥‥‥‥‥‥‥‥‥‥‥‥（上西　亘）‥‥　147

太皷谷稲成神社・宝物殿‥‥‥‥‥‥‥‥‥‥‥‥（上西　亘）‥‥　148

玉作湯神社・出雲玉作址出土品収蔵庫‥‥‥‥‥‥（内川隆志）‥‥　149

玉若酢命神社・億岐家宝物殿‥‥‥‥‥‥‥‥‥‥（青木　豊）‥‥　150

八重垣神社・宝物収蔵庫‥‥‥‥‥‥‥‥‥‥‥‥（内川隆志）‥‥　151

【岡山県】

岡山縣護國神社・宝物遺品館‥‥‥‥‥‥‥‥‥‥（上西　亘）‥‥　152

【広島県】

嚴島神社・宝物館‥‥‥‥‥‥‥‥‥‥‥‥‥‥‥（坂倉永悟）‥‥　153

大蔵神社（大蔵宮）・宝物殿‥‥‥‥‥‥‥‥‥‥‥（坂倉永悟）‥‥　154

鶴岡八幡神社・豊松歴史民俗資料館（収蔵庫）‥‥‥‥‥（坂倉永悟）‥‥　155

【山口県】

赤間神宮・宝物殿 ………………………………………… （編集部）… 156

忌宮神社・宝物館 ………………………………………… （編集部）… 157

松陰神社・宝物殿至誠館 ………………………………… （編集部）… 158

住吉神社・宝物館 ………………………………………… （上西　亘）… 159

玉祖神社・宝物殿 ………………………………………… （李　文子）… 160

中山神社・宝物殿 ………………………………………… （上西　亘）… 161

乃木神社・宝物館 ………………………………………… （編集部）… 162

防府天満宮・歴史館 ……………………………………… （上西　亘）… 163

八幡人丸神社・古典樹苑 ………………………………… （編集部）… 164

四　　国

【香川県】

金刀比羅宮・表書院 ……………………………………… （中村千惠）… 165

金刀比羅宮・高橋由一館 ………………………………… （中村千惠）… 166

金刀比羅宮・宝物館 ……………………………………… （中村千惠）… 167

【愛媛県】

大山祇神社・大三島海事博物館 ………………………… （中村千惠）… 168

大山祇神社・宝物館 ……………………………………… （中村千惠）… 169

多賀神社・凸凹神堂 ……………………………………… （中村千惠）… 170

【高知県】

小村神社・尚徳館 ………………………………… （岡本佳典・編集部）… 171

高岡神社・収蔵庫 ………………………………… （岡本佳典・編集部）… 172

土佐神社・絵馬殿 ………………………………… （岡本佳典・編集部）… 173

九　　州

【福岡県】

宇美八幡宮・宝物殿 ……………………………………… （野中優子）… 174

櫛田神社・博多歴史館 …………………………………… （多賀　梢）… 175

高良大社・宝物殿 ………………………………………… （野中優子）… 176

太宰府天満宮・菅公歴史館 ……………………………… （多賀　梢）… 177

太宰府天満宮・宝物殿 …………………………………… （多賀　梢）… 178

東郷神社・宝物館……………………………………（多賀　梢）…　179

筥崎宮・宝物館………………………………………（編集部）…　180

英彦山神宮・英彦山修験道館………………………（尾形聖多）…　181

宮地嶽神社・民家村自然広苑………………………（多賀　梢）…　182

宗像大社・神宝館………………（伊藤慎二・多賀　梢）…　183

【佐賀県】

祐徳稲荷神社・祐徳博物館………………（七田忠昭・編集部）…　184

【長崎県】

厳原八幡宮神社・宝物殿……………………………（内川隆志）…　185

海神神社・宝物殿……………………………………（内川隆志）…　186

【熊本県】

青井阿蘇神社・文化苑………………………………（上西　亘）…　187

菊池神社・歴史館……………………………………（青木　豊）…　188

櫻山神社・神風連資料館……………………………（編集部）…　189

【大分県】

宇佐神宮・宝物館……………………………………（松林有紀）…　190

八幡奈多宮・宝物殿…………………………………（松林有紀）…　191

柞原八幡宮・宝物殿…………………………………（松林有紀）…　192

【宮崎県】

青島神社・日向神話館………………………………（編集部）…　193

天岩戸神社・徴古館…………………………………（下湯直樹）…　194

榎原神社・宝物資料館………………………………（下湯直樹）…　195

【鹿児島県】

揖宿神社・宝物殿……………………………………（下湯直樹）…　196

鹿児島県護国神社・遺徳顕彰館……………………（下湯直樹）…　197

鹿児島神宮・御神庫…………………………………（下湯直樹）…　198

照國神社・照國文庫資料館…………………………（下湯直樹）…　199

南洲神社・西郷南洲顕彰館…………………………（森健太郎）…　200

新田神社・宝物殿……………………………………（下湯直樹）…　201

枚聞神社・宝物殿……………………………………（下湯直樹）…　202

1. 北海道

旭川神社・旭川兵村記念館
あさひかわじんじゃ・あさひかわへいそんきねんかん

所　在　地：〒078-8261
　　　　　　旭川市東旭川南1条6-3-26
電　　　話：0166-36-2323
設　　　立：1961（昭和36）年8月
建 築 面 積：約798㎡（鉄筋建築）
収 蔵 点 数：約2,500点
開　館　日：4月25日〜10月26日（9:30〜16:30）
　　　　　　（期間中は毎週火曜休館）
入　館　料：大人500円

1. 設立経緯
　町史編纂委員を務めていた芦原厳夫氏が、調査のため付近民家や小学校を巡った際に古民具や農具といった生活用品が数多く現存している事に興味を抱き、調査の旁ら資料の蒐集を行った。

　昭和36（1961）年になり、東旭川町開基70周年を記念して旭川神社境内の若宮八幡宮拝殿に資料を一堂に集め展示を行ったのが旭川兵村記念館発足の契機である。

　その後、各種展示に改良を重ね昭和57年には記念館の建物を新築し、神社とは独立した組織が運営母体となり現在に至っている。

2. 所蔵品と展示の概要
　市指定文化財として、『屯田物語原画綴』、『旭川兵村中隊記録』147冊を所蔵している。

　主たる展示テーマは、屯田兵制度によって開拓に従事した人々が使用した兵屋や使用していた農耕機具や機織り機、北海道開拓期の屯田兵屋や農耕具や民具などの民俗資料を中心として展示することにより、当時の住民の苦労や智恵を学べるような工夫がなされている。

　その他、戦中戦後航空関係で活躍した東旭川出身の偉人4名を「空の四勇」として紹介し、それぞれの略歴やゆかりの品を展示することにより、故人の顕彰を行っている。

3. 刊行物
　リーフレット「旭川兵村記念館　資料説明」

福住厳島神社・福住開拓記念館

ふくすみいつくしまじんじゃ・ふくすみかいたくきねんかん

所　在　地：〒062-0041
　　　　　　札幌市豊平区福住一条4丁目
電　　　話：011-851-6414
設　　　立：1971（昭和46）年
建 築 面 積：約40㎡
収 蔵 点 数：約500点
開　館　日：土・日・祝（9/15除）・年末年始以外
入　館　料：無料
そ　の　他：車いす用スロープあり

1. 設立経緯

当初、昭和46（1971）年福住開基100年記念祭を行った折、神社境内にあった農業倉庫を改装し、展示施設として利用された。これは福住に永住する36戸「福住三六会」の篤志寄付により完成したものである。その後、昭和52年に資料増加のため増改築を行い、平成9（1997）年9月には地区開館建設のため新棟の福住まちづくりセンター内に移転し、現在に至っている。維持管理は「福住三六会」で行っており、郷土博物館としての機能をもつ神社博物館である。

2. 所蔵品と展示の概要

中学生が描いた開拓当時の生活の様子を描いた版画70点や収集した農機具などが多数展示してある。また、開拓当時使用していた馬車に馬の模型と背景画を組み合わせて情景を再現した展示物や、時代室の如く民家の中に個別の民具を組み合わせて配置し再現した展示物があるなど、収蔵展示に留まらない展示の工夫がなされている。

3. 刊行物

リーフレット「しおり」

義経神社・義経資料館

よしつねじんじゃ・よしつねしりょうかん

所　在　地：〒 055-0107
　　　　　　沙流郡平取町本町 119 番地 1
電　　　話：01457-2-2432
設　　　立：2000（平成 12）年
建 築 面 積：約 200㎡（木造平屋建）
収 蔵 点 数：約 100 点
開　館　日：9:00 ～ 17:00　月曜休館
入　館　料：大人 200 円・子供 100 円・団体 20 名以上 150 円

1. 設立経緯

　義経神社は源義経公を御祭神とし、択捉・国後を探検した北地探険家で『金銀図録』『外蕃通書』を著した近藤重蔵らが寛政 11（1799）年に義経像を寄進し、安置したのが創建である。義経像は、高さ約 60cm の木造で台座の背面には「寛政十一年巳未四月二十八日近藤重蔵・原藤守重　比企一郎右衛門・原藤明可満」と、台座の底には「江戸神田住大仏工法橋善啓」とそれぞれ墨書されている。明治 9（1876）年には村社に列格されている。

　平成元（1989）年には「生活環境保全林整備事業」により公園整備がはかられ、展望台・遊歩道・あずま屋・駐車場等々が設営され、境内地および周辺部一帯は平取町により義経公園として活用が図られている。これらの神社周辺整備の一環で平成 12 年に平取町観光協会によって義経資料館は設置された。

2. 所蔵品と展示の概要

　原則的に露出展示で、提示展示を基本とする。展示品は、当然のことながら源義経に関する資料であるが、二次資料も多数展示することにより、展示に臨場感を創出させている。

　代表的展示資料は、源氏の家紋である笹竜胆紋を設えた太刀・大鎧と神輿（昭和四年氏子一同寄進）で、これらを象徴展示としている。天明 7（1787）年版の『絵本義経一代実記』、『義経公北之方伝記』や「源義経逆櫓之図」（万延元年 1860 版）等の錦絵、陣太鼓等々である。

3. 刊行物

　リーフレット「びらとり義経公園義経資料館」

2. 青森県

櫛引八幡宮・国宝館
くしひきはちまんぐう・こくほうかん

所　在　地：〒039-1105 八戸市八幡字八幡丁3
電　　　話：0178-27-3053
設　　　立：2007（平成19）年
床　面　積：214.2㎡（鉄筋建築・平屋建て）
収 蔵 点 数：約50点
開　館　日：原則無休（9:00～17:00）
入　館　料：大人400円・中高生300円
　　　　　　小学生200円

1. 設立経緯

　昭和40（1965）年に旧宝物収蔵庫が建設されたが、老朽化に伴い新宝物館の建設が計画され、平成16（2004）年に竣工し、平成19年より新しい常時展示公開施設として再開館した。櫛引八幡宮の宝物は天明8（1788）年に幕府巡見使に随行した地理学者古川古松軒がその旅行記『東遊雑記』に「八戸より一里半西南に八幡村あり。この所に古跡の八幡宮の社塔あり、千三十九石御領主南部候よりの御寄付あり。この社に宝物数多にて、右の内に新羅三郎義光公の甲冑あり。惣金の銅物にてあたりも輝くばかりなり（中略）ゆえあるべし。外にも3領あり、よき甲冑なり。太刀も多く、餝りも念の入りし拵えなり。宝物の数かずありて真物のよきものばかり揃いし所は、江戸を出でしより当八幡宮の宝物第一にて、世にめずらしき物を一目せしことなりし。」と記し、絶賛している。

2. 所蔵品と展示の概要

　国宝の赤糸威鎧、白糸威褄取鎧、重要文化財の紫糸威肩白浅黄鎧、白糸威肩赤胴丸ほか県重宝・市文化財など計25点の文化財が展示されている。音声解

説は日本語と英語に対応しており、体験学習の一環として「鎧着用体験」（大鎧1000円、兜のみ500円）を実施している。

　また、境内地には明治14（1881）年8月に完成した県内最古の洋風建築である八戸小学講堂が移築されており、「明治記念館」として現在に至っている。

たかてるじんじゃ・ほうもつかん
高照神社・宝物館

所　在　地：〒036-1344
　　　　　　弘前市大字高岡字神馬野87
電　　　話：0172-83-2465
設　　　立：1962（昭和37）年
建 築 面 積：約100㎡（鉄筋建築・2階建て）
収 蔵 点 数：3,692点
開　館　日：4月下旬〜10月末 10:00〜16:00
　　　　　　（毎週火曜休館）
入　館　料：中学以上300円（団体20人以上200円）
　　　　　　小学生以下無料

1. 設立経緯

　宝物の大半が津軽信政の遺品群と為信合祀の際の旧士族からの奉納品で、その宝物の収蔵公開施設として設立された。地元の有識者60名ほどで構成される高照神社保存会で宝物館の運営を行っており、年に二回ほど展示替えや企画展を開催している。また、希望者には解説員が付き、津軽の歴史を説明する。

2. 所蔵品と展示の概要

　太刀（銘友成作・平安末〜鎌倉初期）、太刀（銘真守・鎌倉時代）が国指定重要文化財に指定されている他、津軽信政着用具足、高照神社刀剣類（11口）、高照神社奉納額絵馬（54枚）、が青森県重宝に指定され数多くの社宝が弘前市指定文化財となっている。

3. 岩手県

盛岡八幡宮・神宝殿
もりおかはちまんぐう・しんぽうでん

所　在　地：〒020-0872 盛岡市八幡町 13-1
電　　　話：019-652-5211
設　　　立：──
建　築　面　積：──
収　蔵　点　数：約 1,000 点
開　館　日：例祭日など年数回
入　館　料：無料

1. 設立経緯
　八幡宮に古くから伝わる数多くの宝物や、後世に伝えたい重要な奉納品を保管・展示するための施設として設立。

2. 所蔵品と展示の概要
　代表的な所蔵品としては、脇指、「蛇切丸」の異名をもつ宝刀、獅子頭など。脇差（県指定有形文化財）は初代国義（現在の福岡県の出身で、延宝の初め南部重信にやとわれた）が制作し奉納したと伝えられている。宝刀「蛇切丸」（県指定有形文化財）は、平安時代末から鎌倉時代初期にかけての作で、玉山氏の先祖である大和守が、陸奥三戸蓑ヶ坂において大蛇を退治したと伝えられている。獅子頭（市指定有形文化財）は、延宝 9（1681）年 8 月、八幡宮のはじめての祭礼のとき、藩主が寄進したといわれている。

※本文・写真・地図は、盛岡八幡宮ホームページより転載・編集させて頂きました。

4. 宮城県

志波彦神社鹽竈神社・鹽竈神社博物館

所　在　地：〒985-8510 塩竈市一森山1-1
　　　　　　志波彦神社鹽竈神社内
電　　　話：022-367-1611
設　　　立：1965（昭和40）年11月1日開館
建 築 面 積：324㎡（鉄筋2階）
収 蔵 点 数：約5,000点
開　館　日：原則無休
　　　　　　（8:30～/閉館時間は季節により異なる）
入　館　料：一般200円・中高校生150円
　　　　　　小学生80円（土日祝日市内小中学生無料）
そ　の　他：登録博物館（昭和41年5月6日）
　　　　　　（公財）日本博物館協会加盟

1. 設立経緯

　鹽竈神社に奉納された宝物類を公開すると共に、児童生徒の学習・社会教育寄与貢献するために建設された。昭和40（1965）年制定の博物館登録制度に沿った建築であり、最古の登録博物館である。館長は宮司が兼務。常勤の学芸員が一名と、学芸事務を受け持つ神職の職員が一名で運営している。

2. 所蔵品と展示の概要

　1階の展示は旧社家の藤塚氏に関する印や文書、武具甲冑、神輿、絵画など神社関係の資料を公開。太刀「来国光」「雲生」（国指定重要文化財）や、伊達藩主奉納太刀（県指定文化財・35振）が代表的。2階では、祭神縁の塩業・漁業関係の資料が展示され、特殊神事「藻塩焼神事」（県指定無形民俗文化財）の映像資料、寄贈されたポーランドの岩塩や遠藤式標本のウミガメ、クジラの骨格などを公開している。また、年に一回の特別展では、郷土刀の歴史をテーマとした展示等を行っている。

3. 刊行物

　リーフレット・図録

竹駒神社・馬事博物館

<small>たけこまじんじゃ・ばじはくぶつかん</small>

```
所 在 地：〒989-2443 岩沼市稲荷町1-1
電    話：0223-22-2101
設    立：1939（昭和14）年3月20日
建 築 面 積：142㎡
収 蔵 点 数：約1,150点
開 館 日：正月3ヶ日・初午大祭中の土曜、
         日曜のみ（9:00～16:00）
         平日は団体のみ事前予約で受付
入 館 料：一般200円・小人（大学生以下）100円
そ の 他：写真撮影可
```

1. 設立経緯

　竹駒神社境内は馬の集散地として知られ、周辺で馬市が開かれていた。その縁で、県町村会会長職にあった木村匡氏から馬に関する資料1,116点を奉納されたのをうけて昭和13（1938）年に建物が竣工され、昭和14年に開館した。

2. 所蔵品と展示の概要

　木村氏寄贈の馬事に関する資料のほか、現在青葉城に立つ伊達正宗騎馬像を制作した彫刻家小室達氏から奉納された伊達政宗騎馬像の原型試作品（原寸の4分の3）が展示されている。

3. 刊行物

　リーフレット（入場券の半券）

宮城縣護國神社・青葉城資料展示館

みやぎけんごこくじんじゃ・あおばじょうしりょうてんじかん

所　在　地：〒980-0862 仙台市青葉区天主台青葉城址
電　　　話：022-227-7077
設　　　立：1979（昭和54）年4月1日
建 築 面 積：692㎡
収 蔵 点 数：約250点
開　館　日：原則無休
入　館　料：一般700円・中高生500円・小学生300円
そ の 他：登録博物館・(財)日本博物館協会加盟
　　　　　　展示室内スロープ設置

1. 設立経緯

　青葉城の正式名称は仙台城であり、仙台城址・護國神社に隣接してある。伊達政宗公や伊達家に関する資料と知識の教育普及のために開館した。伊達家の使用していた化粧道具や、仙台城と町並みを再現したCG映像や模型から当時の文化について学ぶことができる。学芸員資格を持つ神職の職員と、専属の学芸員の計2名が勤務している。

2. 所蔵品と展示の概要

　歴史博物館であり、展示のテーマは仙台城・伊達政宗・伊達家。仙台城に関する資料や、伊達家歴代当主（稙宗・晴宗・政宗）の書状や宇和島伊達家の化粧道具、政宗時代のお抱え刀工「藤原国包」の刀などを展示。特筆すべきものとして、最上義守書状の展示や、桃山様式で描かれた仙台城本丸広間の襖絵や櫓をCGで再現した300インチ大シアターの上映（約16分間）がある。2階が展示に充てられ、1階にはミュージアムショップがある。2階に常勤の学芸員のための研究室があり、利用者の質問に対応する。資料約250点の写真台帳と目録がある。

3. 刊行物

　リーフレット（「青葉城資料展示館」）・研究紀要（館報）の発行解説シート

4. 宮城県　宮城縣護國神社・英霊顕彰館

宮城縣護國神社・英霊顕彰館

所　在　地：〒980-0862
　　　　　　仙台市青葉区天守台青葉城址
電　　　話：022-223-7255
設　　　立：2004（平成16）年
建 築 面 積：454㎡（鉄筋建築）
収 蔵 点 数：2,000点
開　館　日：冬季平日休館
入　館　料：一般300円・高校生以下 無料

1. 設立経緯
　英霊顕彰館は宮城県護国神社創立100周年を契機として、英霊ゆかりの資料や、明治～昭和の戦争について展示することで、慰霊と顕彰を目的として平成16（2004）年に設立された。現在は専任の学芸員が運営にあたっている。

2. 所蔵品と展示の概要
　学校等教育機関ではあまり取り上げられることのない近現代の歴史観の普及を展示テーマとして掲げる。主な展示品に、御祭神である宮城県出身の英霊56,000余柱のご遺品を中心に展示しているほか、歩兵第四連隊軍旗などの旧陸軍関係資料や戦艦大和（1/100）模型などの大型模型の展示も行っている。

3. 刊行物
　リーフレット（「宮城縣護國神社英霊顕彰館」）

※館内展示写真は、宮城縣護国神社よりご提供いただきました。

5. 秋田県

きんぷじんじゃ・ほうもつでん
金峯神社・宝物殿

所　在　地：〒018-0153
　　　　　　にかほ町象潟町小滝奈曽沢1
電　　　話：0184-44-2503
設　　　立：1970（昭和45）年
建　築　面　積：約50㎡（鉄筋建築・平屋建て）
収　蔵　点　数：――
開　館　日：原則無休
入　館　料：無料

1. 設立経緯
旧社務所跡に昭和45（1970）年に宝物殿が建設され、昭和58年に屋根が銅板に葺き替えられている。

2. 所蔵品と展示の概要
展示物は格子とガラスを挟んで観る形態をとり、秋田県重要文化財指定の木造狛犬一対、丈六の観音像一体が主なものである。

境内には郷土文化保存伝習館があり、小滝部落保存会が運営にあたり、平成16（2004）年に国の重要無形民俗文化財の指定を受けたチョウクライロ舞などを伝習している。

同じく境内には日本の滝100選に選ばれた奈曽の白滝があり、人々の憩いの空間となっている。

真山神社・なまはげ館
しんざんじんじゃ・なまはげかん

所　在　地：〒010-0686
　　　　　　男鹿市北浦真山字水喰沢地内
電　　　話：0185-22-5050
設　　　立：1999（平成11）年
建 築 面 積：1,614㎡（鉄筋建築・平屋建て）
収 蔵 点 数：――
開　館　日：原則無休（8:30～17:00）
入　館　料：一般500円・小中校生250円
　　　　　　（15名以上団体割引有）
そ　の　他：スロープあり

1. 設立経緯
　男鹿のなまはげ保存伝承と、ふるさと意識の高揚を図るとともに、観光拠点としての役割を担うため、滞留型、通年型観光施設としてオープンした。
　なまはげ館に隣接した男鹿真山伝承館では昭和53（1978）年に国の重要無形民俗文化財に指定された「男鹿のナマハゲ」が定期的に実演され、なまはげ習俗が体感できる学習講座が開かれている。

2. 所蔵品と展示の概要
　「なまはげ伝承ホール」、「なまはげ勢揃い」、「神秘のホール」の三区で構成される。「なまはげ伝承ホール」では大型のスクリーン映像にて映画「なまはげの一夜」を30分おきに上映し、男鹿のなまはげ行事の様子やそれを伝承する人々の精神を映し出している。また、「なまはげ勢揃い」では市内60地区で行われている面や衣装をマネキンに着させ、来館者を量的に圧倒する展示となっている。そして、「神秘のホール」においては丸木舟などの民具が展示され、「なまはげ変身コーナー」にてなまはげの衣装に着替えることの出来る体験学習も行っている。

大日神社・大館市民舞伝習館
だいにちじんじゃ・おおだてしみんぶでんしゅうかん

所　在　地：〒018-5721
　　　　　　大館市比内町独鈷字大日堂10
電　　　話：0186-56-2312
設　　　立：1980（昭和55）年12月
建 築 面 積：355㎡（鉄筋建築・2階建て）
収 蔵 点 数：50点
開　館　日：事前予約制
入　館　料：無料
そ　の　他：博物館類似施設

1. 設立経緯

　昭和55（1980）年に大日神社に隣接して大館市により設立。大日神社に伝来する社宝や民俗資料などを収蔵展示するほかに、舞台を備えた研修室で市指定無形民俗文化財「独鈷囃子」の伝習活動を行うことが目的である。

2. 所蔵品と展示の概要

　江戸時代の菅江真澄の短冊を伴う浅利則頼遺愛の琵琶（市指定文化財）など中世の浅利氏関係資料や、江戸時代の佐竹氏奉納の鰐口、県内最古とされる絵馬などを所蔵展示している。

※写真は、大館市観光物産プラザホームページより転載させて頂きました。

東北　秋田県

綴子神社・内館文庫収蔵書庫

所　在　地：〒018-3301 北秋田市綴子西館46
電　　　話：0186-62-0471
設　　　立：1968（昭和43）年
建　築　面　積：40.5㎡（鉄筋建築・平屋建て）
収　蔵　点　数：約4,000点（設立時）
開　館　日：申込制
入　館　料：無料

1. 設立経緯

　昭和29（1954）年綴子神社社殿に宝物殿が新設され、保存公開がなされていたが、昭和35年に秋田県文化財史跡に指定されたこともあり、火災や保存管理に万全を期すため収蔵庫建設が叫ばれるようになっていった。そして昭和42年に定例県議会に於いて補助金が計上され、他に旧見鷹巣町や綴子財産区、綴子農業組合の助成も得、それに神社の自己資金も加えて着工の運びとなった。また同年の昭和42年に内館文庫の紹介第一集として「文庫目録」が刊行され、明治維新百年記念年にあたる昭和43年に第二集の「史跡内館文庫沿革誌」が刊行されるとともに、収蔵書庫が開館された。
　設立理念においては、蔵書の内容考究と解説に努めるとともに、数百年間先人の伝えてきた貴重な文化遺産を尊重して文化財の保存を図り、これに郷土史料館的性格をも併設せしめて、一般に開放し文化の向上に活用させていきたいということが掲げられている。

2. 所蔵品と展示の概要

　収蔵展示を基本とし、内部は収蔵庫と閲覧、読書室（現在はどちらも収蔵庫となっている）の二室に仕切られている。収蔵物は八幡宮や内館文庫及び宮司竹内家関係の宝物である、主な宝物として、鎌倉期の神像天神座像一体、仏像不動明王立像一体、御神鏡八面（うち二面が鎌倉期）、室町期以前とされる鉦鼓一個、元禄七年記名の金鼓、江戸時代以前とされる能面二面等がある。

3. 刊行物

　『秋田県文化財　史跡内館文庫沿革誌』（第二集）

6. 山形県

上杉神社・稽照殿
うえすぎじんじゃ・けいしょうでん

所　在　地：〒992-0052 米沢市丸の内1-4-13
電　　　話：0238-22-3189
設　　　立：1923（大正12）年4月1日
建 築 面 積：442㎡（鉄筋コンクリート建築）
収 蔵 点 数：――
開　館　日：4月1日～11月30日（9:00～16:00）
　　　　　　12月1日～3月下旬は冬季休館
入　館　料：一般400円・高大生300円
　　　　　　小中学生200円
そ　の　他：登録博物館（1952年認可）

1. 設立経緯

大正8（1919）年の大火で境内が全焼した際、伊東忠太博士の下、上杉神社の再建が行われた。その際、上杉謙信公を祭神とする上杉神社の宝物を広く参拝者に公開する目的で、宝物殿が創設された。建物は、神殿と調和を保つ重層建築になっている。昭和41（1966）年に収蔵庫が増設され、一般公開を行っている。

上杉神社稽照殿の主な活動は、諸祭神に関する歴史展示および資料の保管である。

2. 所蔵品と展示の概要

上杉謙信公の遺品を中心に、二代上杉景勝と重臣直江兼続、10代上杉鷹山公の遺品・遺墨などを展示している。平安から江戸期にわたる絵画・書跡・刀剣・甲冑・武具・仏器・陶漆器・服飾類など、重要な資料を多数収蔵している。

代表的資料としては、上杉謙信着領甲冑「色々威腹巻」（国指定重要文化財）をはじめ、絹本着色阿弥陀三尊像（国指定重要文化財）、絹本着色毘沙門天像（国指定重要文化財）、紫綾金泥両界曼荼羅図（国指定重要文化財）、浅葱地花葉文緞子胴服（国指定重要文化財）などがある。

3. 刊行物

リーフレット

※博物館外観写真は、米沢観光物産協会ホームページより転載させて頂きました。

金峯山神社・金峯山博物館
きんぽうさんじんじゃ・きんぽうさんはくぶつかん

所　在　地：〒997-0368 鶴岡市青龍寺字金峯1
電　　　話：0235-23-7863
設　　　立：1976（昭和51）年
建 築 面 積：416㎡（コンクリート建築・2階建て）
収 蔵 点 数：約140点
開　館　日：参拝者の来館に応じて開館
　　　　　　（9:00～16:00）
入　館　料：一般400円
　　　　　　大高校生300円・小中学生200円
そ の　他：登録博物館
関連博物館：出羽三山歴史博物館・いでは文化記念館

1. 設立経緯

開山以来1300年余年の金峯修験道の聖地としての歴史を有する金峯山神社の歴史・風俗と金峯山の自然景観を調査・研究し、成果展示している。金峯山神社が所蔵する宝物を中心とした展示に留まらず、年に3回県・市との共催で企画展も行われていた（現在休止中）。

金峯山神社の活動は、①金峯山神社所蔵の宝物の展示（於：常設展示室）、②各種資料の保管である。

2. 所蔵品と展示の概要

代表的所蔵資料として銅鉢（銘在正和2（1313）年、国指定重要文化財）、銅像如意輪観音坐像（平安期作、県指定文化財）、本殿棟札6枚（国指定重要文化財）、最上義光寄進の大鰐口（市指定重要文化財）、最上義光寄進状（市指定文化財）、鎌倉時代の懸け仏、後醍醐天皇御宸筆「蔵王大権現」の掛軸、忠広公奉納絵馬、金峯修験道資料がある。

3. 刊行物

リーフレット

出羽三山神社・出羽三山歴史博物館

所　在　地：〒997-0211
　　　　　　鶴岡市羽黒町手向羽黒山頂
電　　　話：0235-62-2355
設　　　立：1915（大正4）年
建 築 面 積：1,269.5㎡
　　　　　　（鉄筋コンクリート建築6階建）
収 蔵 点 数：約1,000点
開　館　日：4月23日～11月29日
　　　　　　（8:30～16:30）
入　館　料：一般300円
　　　　　　高大生200円・小中学生100円
そ　の　他：登録博物館（1952年認可）
関連博物館：金峯山神社博物館・いでは文化記念館

1. 設立経緯

　古くから羽黒派古修験道の地として有名な出羽三山の宝物を広く一般に公開することを目的として、大正4（1915）年に出羽三山宝物殿は開館された。その後、昭和27（1952）年に博物館法に基づく登録博物館として認可され、昭和45年6月には、開基蜂子皇子御開山1380年記念奉賛事業の一環として、新たに宝物殿を新築し、現館名に改称し現在に至っている。

2. 所蔵品と展示の概要

　資料の内訳は考古資料672点、歴史資料135点、古美術資料281点である。神社所蔵の宝物の展示を中心として、出羽三山の修験道信仰の歴史と山伏の修行の様子について解説している。修験道体験を中心とした展示を行っている「いでは文化記念館」とは、対になる展示であり、共催で「出羽三山歴史探訪」と題して講座を開講し、地域の教育普及に努めている。

3. 刊行物

　佐藤仏像コレクションに関する解説シート、出羽三山神社刊行冊子『出羽三山』「博物館通信」

7. 福島県

伊佐須美神社・宝物殿
(いさすみじんじゃ・ほうもつでん)

所　在　地：〒969-6263
　　　　　　大沼郡会津美里町字宮林甲4377
電　　　話：0242-54-5050
設　　　立：1981（昭和56）年
建 築 面 積：150㎡
収 蔵 点 数：約500点
開　館　日：拝観希望時に随時
入　館　料：一般700円・小人300円

1. 設立経緯
　教導の拡張を目的とする神社経営の視点、及び国宝・重要文化財の保存と展示公開を目的とする。

2. 所蔵品と展示の概要
　壁面ケース内における提示型展示を基本とする。
　重要文化財「朱塗金銅装神輿」・県重要文化財である「木造狛犬」一対や「御田植祭関係資料」などが代表的な社宝である。
　また一方で、陶磁資料の蒐集も実施しており、新たな美術館の設立も構想している。

開成山大神宮・宝物殿
<small>かいせいざんだいじんぐう・ほうもつでん</small>

所　在　地：〒963-8851 郡山市開成3-1-38
電　　　話：024-932-1521
設　　　立：1975（昭和50）年
建　築　面　積：約31㎡（鉄筋建築）
収　蔵　点　数：約30点
開　館　日：正月元日・春秋例大祭時のみ開館
入　館　料：無料

1. 設立経緯
　伊勢神宮の分社として鎮座したところから、式年遷宮において神宮より撤下される御神宝を保存し、崇敬者に広く公開することを目的に設立された。

2. 所蔵品と展示の概要
　大型ケースの野外版とも表現できる展示室の構成である。
　具体的には、壁面に相当する三方に見学の為の一枚ガラスを嵌め込んだ開口部を持つ。外側にシャッターを設備し、保管に留意している。内部は、階段ピラミッド状の展示台一基を設えている。
　展示資料は、有栖川宮熾仁親王染筆額（二葉）の他、神宮式年遷宮において撤下された御神宝の刀や曲玉等々の提示型展示を基本とする。

3. 刊行物
　宮本勝重『開成山大神宮由緒』

8. 茨城県

大洗磯前神社・大洗海洋博物館
おおあらいいそさきじんじゃ・おおあらいかいようはくぶつかん

所　在　地：〒311-1301 東茨城郡大洗町磯浜 6890
電　　　話：029-266-1444
設　　　立：1959（昭和 34）年 8 月
建 築 面 積：165㎡（展示面積）
収 蔵 点 数：約 300 点
開　館　日：毎週水曜と 12 月 31 日以外
　　　　　　（9:00～16:00）
入　館　料：一般 500 円・中高校生 300 円
　　　　　　小学生以下 200 円
　　　　　　その他：博物館相当施設

1. 設立経緯
　磯前神社祭神である大己貴命が、太古、海洋航海・海外開拓した神徳を景仰し、鎮座地が水産業に関係が深いことから、参詣者、特に学生・生徒に対し海洋日本の理解と関心を高めるための社会教育施設として、昭和 34（1959）年 8 月、大洗磯前神社鎮座 1100 年を記念し設立。その後平成 9（1997）年 8 月、鎮座 1140 年を記念し新築・移転された。創設当初の理念が継承され現在に至っている。

2. 所蔵品と展示の概要
　展示室では「原生動物からクジラまで、生命の進化の軌跡」のテーマのもと、原生生物から海綿動物、軟体動物、節足動物、爬虫類、哺乳類までの各種生物標本の他、鯨の下顎、耳骨、歯、髭、胎児標本が展示され、生物の進化の流れを理解することができる。また、茨城県沿岸や大洗海岸で見ることのできる蟹、海老、海星、海月、貝類の標本により、近隣海岸の生態系を知ることが可能である。その他、雌雄鯨の生殖器実物標本、昭和 30 年代の捕鯨の様子や鯨の種類、祭神である大己貴命（大黒様）との関わり、漁船に関する知識も写真パネル等を用い、その解説がなされている。なお、2 階展望台では、境内や海岸を望むことができる。

3. 刊行物
　リーフレット「大洗海洋博物館」

回天神社・回天館

所　在　地：〒310-0052 水戸市松本町 13-33
電　　　話：029-226-9028
設　　　立：1959（昭和 34）年
建 築 面 積：116.64㎡
収 蔵 点 数：――
開　館　日：月曜日・金曜日以外
入　館　料：無料

1. 設立経緯

　安政の大獄、桜田門外の変、元治甲子の変など、国のために殉じた1,785名の士民の霊を慰めるとともに、後世へ伝えるため昭和8（1933）年忠霊塔が建立され、昭和44年には、明治維新百年を記念し、この志士達を祭神として回天神社が創建された。

　建物は天狗党の志士が降伏後に押し込められた鰊倉の1棟で、敦賀市より譲り受け、当初は常盤神社境内に移築され一般公開をしていたが、老朽化による取壊しを憂いた水戸市民有志が平成元（1989）年2月、「回天館移築保存会」を設立。浄財を募り、水戸市当局の補助を得て、平成11年に志士を祀る回天神社内に移築完成した。館は保存会によって管理され、幕末水戸藩における尊王攘夷運動に殉難した志士の遺品、天狗党関係資料等を収集・展示、その偉業を顕彰して水戸の歴史について理解を深めることを目標としている。名称の由来となった「回天」とは、混乱、衰微した時勢や国勢を正しい状態に盛り返すことを意味し、藤田東湖『回天史誌』の書名にも見られる。

2. 所蔵品と展示の概要

　天狗党決起までに至る年表、水戸藩と天狗党の関係を示す年表、決起後の行程を表す「天狗党行軍経路略図」で概略を解説。「信州和田嶺合戦図」「天狗党浪士寄書」（複写）のほか、武田耕雲斎、関鉄之介、蓮田一五郎ら殉難志士の肖像・遺品や、桜田門外の変関係資料、扉・板壁には牢居していた水戸殉難志士の血書による絶筆も散見される。回天館正面には志士の墓が整然と並んでいる。

笠間稲荷神社・笠間稲荷美術館

所　在　地：〒309-1611　笠間市笠間1
電　　　話：0296-73-0001
設　　　立：1981（昭和56）年3月15日
建 築 面 積：318㎡
収 蔵 点 数：約500点
開　館　日：原則無休
入　館　料：大人300円・学生200円・子供100円
そ　の　他：登録博物館
　　　　　　（財）日本博物館協会加盟

1. 設立経緯

　江戸時代の安永年間に開窯された笠間焼は、笠間藩主牧野貞喜の御庭焼や牧野貞直の仕方窯取立等の奨励で民窯が盛んになり、関東に数少ない陶器の特産地として栄えている。そこで、笠間焼が影響を受けた中世六古窯といわれる信楽・常滑・瀬戸・越前・丹波・備前の古陶器を中心に収集・研究・展示し、窯業の振興と地域社会の文化生活向上に寄与することを目的に昭和56（1981）年に創設された。なお美術館付属の建物として、収蔵庫・休息所などもある。

2. 所蔵品と展示の概要

　信楽・常滑・瀬戸・越前・丹波・備前の中世六古窯の古陶器を常設展示し、常陸の水墨画家雪村の作品、現代の代表的花鳥画家上村淳之の作品、香道具などを中心に収集展示している。主な所蔵品には、丹波大壺（室町時代）、信楽大壺（室町時代）、常滑三筋壺（平安時代）、瀬戸印花文壺（鎌倉時代）、備前波状文壺（室町時代）、越前小壺（鎌倉時代）、笠間焼大甕（明治時代）、象裂大壺追憶（松井康成）、踊文器（和田守卑良）、永華磁牡丹文水差（板谷波山）、十種香箱（吉野山）、四種盤（競馬香）、金山寺図（雪村）、桜柳歌合せ短冊（徳川綱吉拝領）、扇面散し図（木村武山）、水辺の四季（上村淳之）、破墨山水図（雪村）、山水（徳川綱吉）、瀧図（谷文晁）、お月様（上村松園）、秋林雨後（菱田春草）、竜宮の結婚（中村不折）、胡錦鳥（上村松篁）、静雪（上村淳之）などがある。

3. 刊行物　特別展図録各種、リーフレット

4. その他

　当館・笠間日動美術館・茨城県陶芸美術館・春風萬里荘（北大路魯山人旧居）の4館で、笠間アートのまちめぐりを実施。

※本文はリーフレット「笠間稲荷美術館」を基にしました。

鹿島神宮・宝物館

所　在　地：〒312-0031 鹿嶋市宮中 2306-1
電　　　話：0299-82-1209
設　　　立：1966（昭和41）年
建 築 面 積：135㎡（延床面積）
収 蔵 点 数：──
開　館　日：原則無休（9:00～16:00）
入　館　料：大人 300 円・小中学生 100 円

1. 設立経緯

昭和 41（1966）年開館。式年大祭御船祭の記念事業として設立された。常陸国一宮として長きにわたり収蔵されてきた国宝を含む宝物を展示。その社殿、石の間、幣殿、拝殿、仮殿も重要文化財に指定されている。また、21 万坪を誇る鹿島神宮樹叢は、天然記念物に指定されており 800 種を超える植物の宝庫である。

2. 所蔵品と展示の概要

国宝であり、日本最古最大の直刀（金銅黒漆平文拵附刀唐櫃）をはじめ、梅竹蒔絵鞍（重要文化財）、太刀（銘景安）、古瀬戸狛犬、銅印、木造狛犬、黒漆螺鈿蒔絵台（県指定文化財）、ラオス産の香木・沈香等、古くから伝わる宝物を収蔵、展示。また、神社に縁のある雪村筆「百馬図」、横山大観筆「鹿島洋朝瞰図」、軍艦「鹿島」パネルも展示されている。

なお、直刀の実物大レプリカが置かれ、実際に触れることができ、重量や長さを体感することが可能である。

3. 刊行物

特別展図録など

8. 茨城県　常磐神社・義烈館

常磐神社・義烈館
ときわじんじゃ・ぎれつかん

所　在　地：〒310-0033 水戸市常磐町1-3-1
電　　　話：029-221-0748
設　　　立：1957（昭和32）年2月11日
建 築 面 積：318.5㎡（延床面積）
収 蔵 点 数：――
開　館　日：木曜以外
　　　　　　（平日 9:30 ～ 15:30・土日祝日 9:00 ～ 16:00）
入　館　料：大人 300 円・小中学生 100 円
そ の 他：博物館相当施設
関連博物館：徳川博物館・茨城県立歴史館・弘道館

1. 設立経緯
　水戸藩第2代藩主徳川光圀、同第9代藩主徳川斉昭両公の遺徳の景仰を目的として、常陽銀行が建設し常磐神社に献納。昭和32年開館、翌年博物館相当施設に指定された。館の名称は両公のおくり名である「義公」「烈公」による。徳川光圀、斉昭両公の遺品・遺墨をはじめ水戸史学、水戸学関係の資料と、両者の功績を助けた家臣の書画・関係品、常磐神社史を示す資料を展示。

2. 所蔵品と展示の概要
　『大日本史』（草稿）397巻・目録5巻の計402巻、光圀公が侍医鈴木甫庵に命じ編集した『救民妙薬集』、斉昭公が農民の労苦をしのび製作したという農人形の他、追鳥狩絵巻、幕末三舟直筆掛け軸を展示。追鳥狩の際に使用し、日本最大といわれる陣太鼓や、大砲「太極」も見所である。展示室は「義公」「烈公」のテーマに分かれ、それぞれの功績を紹介する。

9. 栃木県

とちぎけんごこくじんじゃ・しりょうかん
栃木県護国神社・資料館

所　在　地：〒399-8303 宇都宮市陽西町1-37
電　　　話：028-622-3180
設　　　立：2002（平成14）年
建 築 面 積：約25㎡
収 蔵 点 数：約800点
開　館　日：見学希望時随時開館（9:00～16:00）
入　館　料：無料

---

1. 設立経緯
　栃木県護国神社の55,361柱の祭神の遺徳を偲び、祭神のありし日のおもかげを追慕する場所を設立することを目的として、平成14（2002）年に開設された。現在は神職が管理を兼務し、学芸員資格を持つ非常勤の職員が展示担当業務を行っている。

2. 所蔵品と展示の概要
　主に日露戦争及び太平洋戦争における戦没者の遺品をはじめ、復員軍人からの寄贈を受けた軍装品等を展示している。また、現在でも復員軍人からの軍装品等の寄贈があり、展示責任者が日常的に収集整理業務にあたっている。

※施設外観写真はホームページのものを転載させて頂きました。

日光東照宮・宝物館

所　在　地：〒321-1431 日光市山内2280
電　　　話：0288-54-2558
設　　　立：1967（昭和42）年6月
延床面積：1,452㎡
収蔵点数：約2,000点
開　館　日：原則無休（8:30～17:00）
入　館　料：大人500円・高校生300円
　　　　　　小中学生200円
そ　の　他：（財）日本博物館協会加盟
関連博物館：二荒山神社宝物殿・輪王寺宝物殿
　　　　　　東照宮美術館

1. 設立経緯

旧宝物館は大正4（1915）年に建設。東照宮の祭神徳川家康公の伝世品をはじめとし、朝廷よりの寄進品、歴代将軍及び諸大名の奉納品、南蛮貿易による舶来品、更に官歴に関する位記・宣旨・東照宮に送られた官符・宣命類、江戸幕府編纂の大名・旗本諸家の系譜、その他書画類など広範囲にわたり、神徳の昂揚と、文化財への理解と認識を深めるため一般に公開している。

2. 所蔵品と展示の概要

展示室は3室で構成されている。太刀（銘助真）、太刀（銘国宗）、三十六歌仙扁額36枚、大工道具及箱、本殿絵扉、陽明門天井雲龍墨絵の国宝をはじめ、太刀（銘吉房）、太刀（銘一）、脇差（光宗光合作）、短刀（無銘伝行光）、剣（銘久国）、南蛮胴具足、東照社真名縁起3巻、東照社仮名縁起5巻、小紋胴服、寛永諸家系図伝等の重要文化財、その他県指定文化財、御神宝約2000点を収蔵。また、3号室に展示されている、「構造は勿論、彫刻、彩色、絵画等詳細な部分に至るまで少しの違いもなく作られている」、大正12年製作の東照宮社殿の20分の1ジオラマ模型は圧巻である。

3. その他

東照宮社殿模型展示に関連して、「修学旅行生のための東照宮メモ」というテーマで、工事期間・総工費・職人・奉行・施工者等の解説がなされている。

日光二荒山神社・宝物館

所　在　地：〒321-1661 日光市中宮祠2484
電　　　話：0288-55-0017
設　　　立：1962（昭和37）年
展 示 面 積：約714㎡（鉄筋建築・地上2階建て）
収 蔵 点 数：――
開　館　日：原則無休
入　館　料：大人300円・小人150円
そ　の　他：登録博物館

1. 設立経緯

　二荒山神社の神体山である男体山の山頂遺跡は、国内を代表する祭祀遺跡として知られるが、戦後台風などで荒廃が進み地表に露出した遺物が散逸する恐れが生じたため、昭和33（1958）年に学術発掘調査が行われた。そして、出土した総数1万点近い遺物と、刀剣類を主とする伝来の社宝類を保存展示する施設として常設・特別展示室と収蔵庫を備えた宝物館が、昭和37（1962）年に男体山麓の二荒山神社中宮祠境内に創設された。祭祀遺跡出土品を特色とする福岡県宗像大社が海の正倉院と呼ばれるのに対して、当社は山の正倉院ともいわれる。現在、学芸員資格をもつ神職が運営を兼務している。

2. 所蔵品と展示の概要

　1階には、主に伝来の社宝類が中心に展示されている。国重要文化財の日本一の大太刀とされる南北朝期の山金造波文蛭巻大太刀（号祢々切丸）をはじめとした奉納刀剣類、また日光市周辺から採集された土器・石器類などの考古資料と、動物標本などを基に日光の自然を紹介する一室もある。2階には、中央に国重要文化財の南北朝期の金銅装神輿が3基展示され、その周囲にはいずれも国重要文化財の金銅御正体・銅製錫丈頭・銅製千手観音・三鈷杵・三鈷鐃・八稜鏡・鉄鐸・土器・陶器などの奈良時代末期～鎌倉時代を中心とする男体山山頂遺跡出土遺物が主に展示されている。また、特別展示室内には国宝の大太刀銘備前長船倫光を中心とする奉納刀剣類が現在常設的に展示されている。

3. 刊行物

『前田青邨壁画と発掘宝物展』

4. その他

　創設当初当館が代表していた日光周辺の自然に関する展示は、現在では近隣の栃木県立日光自然博物館が担っている。

乃木神社・宝物館

のぎじんじゃ・ほうもつかん

所　在　地：〒329-2711 那須塩原市石林795
電　　　話：0287-36-1194
設　　　立：1971（昭和46）年8月
建 築 面 積：151㎡
収 蔵 点 数：約300点
開　館　日：原則無休（9:00～16:00）
入　館　料：大人300円・高校生以下100円
そ　の　他：栃木県博物館協会加盟

1. 設立経緯

乃木希典将軍が明治23（1890）年に叔父の吉田清皎より農園を譲り受け、那須野に別邸を営んだ「晴耕雨読」の生活を伝えるために明治百年記念事業を記念して乃木崇敬講が主体となり、昭和46（1971）年8月に設立された。

「農は国の大本なり」、「質素倹約」を旨とした祭神の人柄を伝えることを展示のテーマとしている。昭和62（1987）年には展示スペースの増築を行い、展示内容を充実させている。

2. 所蔵品と展示の概要

一般的壁ケースと変則のぞきケース内における提示型収蔵展示を基本とする。

代表的資料としては、「農事日記」・「忠孝額面」・「辞世の和歌」・自筆の慰霊祭祭文や漢詩・和歌、書画などがある。その他、生前乃木将軍が愛用していた置時計・オルゴールなどの御遺品や、刀剣・衣服・夜具などのあらゆる生活用具全般が保存・展示されている点は特筆すべきである。

なお、境内地内宝物館の斜向かいには平成5（1993）年に復元竣工された乃木将軍旧邸が保存されており、乃木将軍が使用した農具などと共に、往事のたたずまいを偲ばせる展示となっている。

3. 刊行物

リーフレット（「乃木神社宝物館」）

10. 群馬県

一之宮貫前神社・宝物館
いちのみやぬきさきじんじゃ・ほうもつかん

所　在　地：〒370-2452 富岡市一ノ宮1535
電　　　話：0274-62-2009
設　　　立：1992（平成4）年4月
建 築 面 積：380㎡（鉄筋2階建て）
収 蔵 点 数：約400点
開　館　日：不定期（拝観希望者は社務所にて受付）
入　館　料：大人300円・高校生以下100円

1. 設立経緯

一之宮貫前神社は上野国一の宮として1400年以上の歴史を有し、古来より朝廷をはじめ多くの人々の崇敬をあつめてきた。また、12年に一度の式年遷宮の制度があり、宝物館も平成4年度の式年遷宮記念事業の一環として設立された。国指定重要文化財の鏡、鹿占神事に使われる祭具、歴代天皇の肖像画等を展示する。

2. 所蔵品と展示の概要

提示型展示を基本とする。

国指定重要文化財の鏡3面、和鏡167面（唐鏡1面を含む）、鹿占神事祭具、神楽面、武具甲冑、蒔絵手箱、鏡台、銅製神馬、丁字釜、羽子板などが主な展示物としてあげられる。

3. 刊行物

リーフレット

※宝物館外観写真は、一之宮貫前神社よりご提供いただきました。

こうずけそうじゃじんじゃ・ほうこ
上野総社神社・宝庫

所　在　地：〒371-0846 前橋市元総社町1-31-45
電　　　話：027-252-0975
設　　　立：──
建 築 面 積：15.97㎡（鉄筋建築）
収 蔵 点 数：約20点
開　館　日：無
入　館　料：無

1. 設立経緯

当初の設立経緯は不明だが、現在は文化財の保管のために「宝庫」として使用している。

2. 所蔵品と展示の概要

通常参拝者には原則非公開ではあるが、群馬県指定文化財として上野国神名帳、雲板、懸仏彌勒菩薩、懸仏普賢菩薩等、貴重な文化財を収蔵している。

世良田東照宮・宝物保管陳列所

所　在　地：〒370-0426 太田市世良田町3119-1
電　　　話：0276-52-2045
設　　　立：1968（昭和43）年
建 築 面 積：70㎡（木造建築1階建て）
収 蔵 点 数：約200点
開　館　日：原則無休
入　館　料：大人300円
関連博物館：新田荘歴史博物館

1. 設立経緯

寛永21（1644）年に御宮創建時に御供所として造宮され、天保15（1844）年に造替、昭和43（1968）年宝物館として改装された。

2. 所蔵品と展示の概要

展示はケース内の提示型展示を基本とする。

重要文化財の太刀（刀身鎌倉末期了戒作・拵沃懸地銀装菊花紋散）御金幣、家康公の「御鎧召初式」に用いられた甲冑、三十六歌仙図（群馬県指定重要文化財）、神饌器具、狛犬、棟札（8回の修理記録を記した7枚の棟札、重要文化財）等々、他多数。

3. 刊行物

『群馬県内の東照宮』、『徳川氏発祥の地世良田東照宮』、世良田東照宮社報（『三ッ葉葵』）

妙義神社・宝物殿

所　在　地：〒379-0201 富岡市妙義町妙義6番地
電　　　話：0274-73-2119
設　　　立：昭和初期頃
建 築 面 積：100㎡（木造建築1階建て）
収 蔵 点 数：約1,000点
開　館　日：年末年始（12月20日～1月10日）以外
入　館　料：200円

1. 設立経緯
　寛永13（1636）年から江戸東叡山寛永寺の座主輪王寺宮の隠居所であった御殿が、嘉永5（1852）年に再建されていた建物を昭和初期に宝物殿に転用したものである。

2. 所蔵品と展示の概要
　提示型展示を基本とする。妙義山の成因は、火山ではなく隆起によるものであることを明示する貝等の化石や、妙義山の植物等の自然系資料。妙義神社に関する信仰資料等々を展示。

3. 刊行物
　『妙義神社と妙義山』

11. 埼玉県

三峯神社・秩父宮記念三峯山博物館

所　在　地：〒369-1902 埼玉県秩父市三峰298-1
電　　　話：0494-55-0241
設　　　立：1976（昭和51）年11月
建 築 面 積：1413㎡
　　　　　　（鉄筋コンクリート地上1階・地下1階）
収 蔵 点 数：約1000点
開　館　日：水曜日～月曜日（12月～3月は休館）
入　館　料：一般300円・中学生以下100円
そ　の　他：登録博物館・（財）日本博物館協会加盟

1. 設立経緯

　当初、秩父宮訪問を記念して、秩父宮殿下台臨記念館の一室に宮家下賜品と社蔵文化財を展示した三峯宝物館を昭和22（1947）年に設立した。その後、昭和39年の本殿解体復元工事を契機に、社会の要請と神社の目的に適う博物館として、昭和51年に現在の博物館が完成し、昭和52年より一般公開が開始された。展示室・収蔵室のほかに、学芸研究室等も備えている。

2. 所蔵品と展示の概要

　展示は3つのテーマから構成される。「三峯山詣」コーナーでは、近世以来の三峯講の登拝・参籠に関する資料が展示されている。江戸からの登拝路の一つを名所案内記風にまとめた天保6（1835）年の「三峯山詣」や、山上参籠の折に使用した「東海道五十三次蒔絵盃」等の展示のほかに、当社の神の使いがオオカミ（オイヌサマ）であることに因み国内でも極めて稀な絶滅動物ニホンオオカミの毛皮をはじめ関連標本を展示している。「三峯山の宝物」コーナーでは、神仏習合期に修験の山であった観音院時代に奉納された戦国時代の十一面観音懸仏（御正体）、江戸時代の銅板絵馬や十一面観音像、役行者二鬼像などが展示されている。さらに「秩父宮家と三峯山」コーナーでは、六玉川蒔絵書棚・一千年蒔絵文台・飾皿等の秩父宮家から下賜された美術工芸品等が展示されている。

3. 刊行物

　図録『秩父宮記念三峯山博物館』

12. 千葉県

香取神宮・宝物館
<small>かとりじんぐう・ほうもつかん</small>

所　在　地：〒282-0017 香取市香取1697
電　　　話：0478-57-3211
設　　　立：1967（昭和42）年7月5日
建 築 面 積：386㎡（延床面積）
収 蔵 点 数：1,296点
開　館　日：原則無休（9:00～16:00）
入　館　料：大人300円・小人100円
そ　の　他：(財)日本博物館協会加盟

1. 設立経緯

　昭和42（1967）年7月開館。下総国一宮である香取神宮鎮座以降の長い歴史とともに所蔵されてきた国宝・重要文化財・県指定文化財約200点を含む、学術的にも貴重な価値を有する宝物、その他古文書類を収集・保存・展示し、神宮の由緒を伝える。

2. 所蔵品と展示の概要

　正倉院御物、大山祇神社の神鏡とともに「日本三名鏡」と称される海獣葡萄鏡（国宝）をはじめ、双龍文鏡、古瀬戸狛犬（重文）、丸形小笥2合、櫛2枚（重美）、源頼朝公寄進状、神号額、神号鏡（県文）、神幸祭関係資料、天真正伝香取神道流資料、天命大釜、神代杉年輪、新治県制札、考古資料の他、海上自衛隊練習艦「かとり」の海洋航海記念奉納品として、各国より記念品に贈られた民俗資料や工芸品を多数展示している。その他、軍艦「香取」の御紋章・写真・軍旗等、名称とゆかりのある艦船関係資料も展示されている。

3. 刊行物

　特になし

13. 東京都

井草八幡宮・井草民俗資料館
いぐさはちまんぐう・いぐさみんぞくしりょうかん

所　在　地：〒167-0041 杉並区善福寺1-33-1
電　　　話：03-3399-8133
設　　　立：1965（昭和40）年
建　築　面　積：――（木造建築・平屋建て）
収　蔵　点　数：約600点
開　館　日：4～7月・9・11・12月は第1日曜
　　　　　　8月は第4日曜（10:00～15:00）
入　館　料：大人200円・小学生100円
そ　の　他：（財）日本博物館協会加盟

1. 設立経緯
　建久年間（1190～1198）、源頼朝が奥州藤原氏征討の後に創建したと伝えられている古大社で、応神天皇を祀る「井草八幡」の境内にある民俗資料館。井草八幡宮が氏子や近隣の旧家の協力で収集した郷土資料や民俗資料を保存・公開するため、昭和40（1965）年に開館した。展示の中心は、江戸期から昭和初期にかけての日常生活用品である。境内にはこのほかに社宝を公開する宝物殿「文華殿」がある。

2. 所蔵品と展示の概要
　井草民俗資料館所蔵の展示物の殆どが、東京都の指定文化財として一括管理されている。

3. 刊行物
パンフレット

4. その他
　縄文土器・武具・絵馬などの社宝は井草八幡宮文華殿に収蔵されており、毎年例祭（9月30日～10月1日）に一般無料公開される。

※井草民俗資料館外観写真は、井草八幡宮よりご提供いただきました。

大國魂神社・宝物殿

所　在　地：〒183-0023 府中市宮町 3-1
電　　　話：042-362-2130
設　　　立：昭和 49（1974）年 5 月
建 築 面 積：約 397㎡（鉄筋建築・2 階建て）
収 蔵 点 数：数百点
開　館　日：日曜日・祝日
　　　　　　神社祭礼日（10:00 ～ 16:00）
入　館　料：大人 300 円・学生・子供 100 円

1. 設立経緯

神輿庫の老朽化に伴い、神輿・太鼓をはじめ数多い社宝の保護管理を行うための収蔵施設、また氏子一般参拝者の教化育成施設として設立した。

2. 所蔵品と展示の概要

1 階には、5 月 5 日に行われる、くらやみ祭で使用される 8 基の神輿と、日本最大級のくり抜き胴の大太鼓 6 張りを収蔵している。2 階には神社に伝わる社宝が収蔵されている。

代表的所蔵資料には、木造狛犬一対（国指定重要文化財）、木彫仏像五体（文科省認定重要美術品）、古鏡四面（文科省認定重要美術品）、古写本三種（文科省認定重要美術品）、徳川慶喜自筆の額（府中市重宝）、徳川家の朱印状十二通（府中市重宝）、奉納刀剣十四振（府中市重宝）、久世大和守寄進物七品（府中市重宝）がある。

3. 刊行物

リーフレット「武蔵国府の杜　大國魂神社宝物殿」

葛西神社・宝物殿

かさいじんじゃ・ほうもつでん

所　在　地：〒125-0041
　　　　　　東京都葛飾区東金町6-10-5
電　　　話：03-3607-4560
設　　　立：1963（昭和38）年
建築面積：39.67㎡（木造建築・平屋建て）
収蔵点数：――
開　館　日：事前予約制、
　　　　　　正月・例大祭・酉の市
　　　　　　各種祭事時開館
入　館　料：無料

---

1. 設立経緯

　明治18（1885）年に造営された旧社殿の建物を利用して造られた。この宝物殿では、葛西神社にゆかりのある人々や功労者の古記録を収めるとともに、古くから伝わる社宝を始めとする郷土資料や、金町地区を中心とした民俗資料を収蔵・展示している。

2. 所蔵品と展示の概要

　安政年間に造られた大神輿二基、浅野長吉文書、徳川家康が奨励し小林一茶が観劇した三番叟人形芝居の人形、金町松戸関所関係文書など、指定文化財の展示がある。また、東京都無形文化財に指定されている「葛西ばやし」に関する文献、絵画、写真の公開も行っている。境内には、明治13年建設の勝安房書にかかる社号石や幾多の碑石などもある。

3. 刊行物

　葛西神社に関するリーフレットに、宝物殿についての記載がある。

神田神社・神田明神資料館
_{かんだじんじゃ・かんだみょうじんしりょうかん}

所　在　地：〒101-0021 千代田区外神田 2-16-2
電　　　話：03-3254-0753
設　　　立：1998（平成10）年
建 築 面 積：約 500㎡（鉄筋・地上 3 階建て）
収 蔵 点 数：――
開　館　日：土曜・日曜　（10:00 〜 16:00）
　　　　　　平日は団体のみ受付
　　　　　　（受付は拝殿左側にあり）
入　館　料：大人 300 円・学生子供 200 円

1. 設立経緯
　神田神社と神田祭の歴史、及び江戸東京文化に関する絵巻、古文書、浮世絵などを数多く所蔵・展示している。2 階展示室には神田祭の変遷を中心として、神田明神の祭神と歴史に関する資料を展示。3 階展示室は江戸東京の名所や年中行事に関する浮世絵など、主に江戸・東京の文化を代表する資料を展示している。

2. 所蔵品と展示の概要
　主な展示物としては、「梅花鮫皮包鞍鐙」国指定重要美術品、「神田明神祭礼絵巻」区指定有形文化財、『嘉永四亥年　神田明神祭礼御用留』区指定有形文化財『御上洛御用留』区指定文化財山車人形・熊坂　区指定有形民俗文化財などがある。その他、神田祭の今と昔を比較するジオラマ展示や、マルチメディアを利用した映像展示も行われている。
　年に数回の特別展も行っている。直近では 4 年ぶりに行われる神田祭のプレイベントとして「江戸の華神田祭を知りたい　大江戸・神田祭展」と題して神田祭に関する浮世絵・絵巻物や屏風類を展示した。

3. 刊行物
　『神田明神史料集』、『神田明神史考』ほか

4. その他
　ホームページの資料館案内が大変充実しており、新規収蔵品の紹介や特別展示の催しの案内がその都度アップされる。
　また、ホームページ限定の入館割引券も配布されている。

熊川神社・村人の資料館
くまがわじんじゃ・むらびとのしりょうかん

所　在　地：〒197-0003 福生市熊川 660
電　　　話：0425-51-0720
設　　　立：1978（昭和53）年
展 示 面 積：約 40㎡（鉄筋建築・地上 1 階建て）
収 蔵 点 数：──
開　館　日：日・祝祭日（要予約）
入　館　料：無料
そ　の　他：館内撮影可

1．設立経緯
当社に伝わる社宝と関連文化財を所蔵展示する施設として、昭和53（1978）年に創設された。

2．所蔵品と展示の概要
熊川神社祭神神生石命画像（市有形民俗文化財）、寄木造りの狛犬（市有形文化財）、明治時代の熊川神社所蔵文書（市有形文化財・古文書）、近世の手洗鉢など熊川神社の石造物（市有形民俗文化財）、中世の板碑片、中近世の棟札、近世の和鏡や駕籠などが収蔵展示されている。

なお、境内に隣接して、熊川神社が運営する平成 8（1996）年開館の杜の美術館があり、同神社禰宜の野口裕教氏が収集した古美術品が展示されている。

金王八幡宮・宝物殿
こんのうはちまんぐう・ほうもつでん

所　在　地：〒150-0002 渋谷区渋谷 3-5-12
電　　　話：03-3407-1811
設　　　立：2011（平成 23）年
建 築 面 積：――
展 示 点 数：約 100 点
開　館　日：原則無休（9:00～16:30）
入　館　料：無料

1．設立経緯

　平成23（2011）年度に鎮座920年・金王丸生誕870年・社殿造営400年をむかえ、同年より鎮座920年記念事業を実施している。事業では老朽化した建物の補修を実施するとともに、神社に伝世している数々の神宝類を常設公開する宝物殿の建設が計画された。その後、社殿の右側に社務所を併設する形で宝物殿が建設された。

2．収蔵品と展示の概要

　鎌倉時代に制作された都内最古と言われる神輿と祭事に使用される山車を中央に展示し、展示室の西側及び北側にはL字状に展示ケースが設置されている。展示室南側はガラス張りになっており、外部からでも神輿・山車を観覧できるようになっている。

　収蔵品は八幡宮に奉納された額や絵馬、社名の由来である金王丸に関係する書画を主としている。また、渋谷区の有形民俗文化財である「算額」三点が宝物殿に展示されているほか、渋谷城のジオラマや太平洋戦争中の勲章や銃器等

も収蔵されており、展示内容は多岐にわたる。

　なお境内には、かつて所在していた「渋谷城」に関連すると伝えられる石材が、説明板とともに本殿脇に安置してある。

品川神社・宝物殿
しながわじんじゃ　ほうもつでん

所　在　地：〒140-0001 品川区北品川 3-7-15
電　　　話：03-3474-5575
設　　　立：1974（昭和 49）年 5 月
建 築 面 積：約 46㎡（鉄筋建築・平屋建て）
収 蔵 点 数：――
開　館　日：正月期間・春分の日
　　　　　　4 月 15 日直後の日曜日・6 月例大祭期間
　　　　　　秋分の日・11 月中の土日曜日・祝日
　　　　　　（9:30 ～ 16:30）
入　館　料：任意

1. 設立経緯
社宝の収蔵展示施設として設置。

2. 所蔵品と展示の概要
　徳川家康奉納・勝海舟命名の葵神輿の他、伝徳川家康奉納の御神面（天下一嘗の面）、賀茂真淵・松平春嶽・加藤千浪・井上頼圀・本居豊穎らの和歌短冊等、著名人所縁の資料が収蔵・展示されている。その他に、手で触れる体験展示として御輿の担ぎ棒、蕨手の展示がされている。

富岡八幡宮・資料館
とみおかはちまんぐう・しりょうかん

所　在　地：〒135-0047 江東区富岡 1-20-3
電　　　話：03-3642-1315
設　　　立：1983（昭和58）年
建 築 面 積：約100㎡（鉄筋・地下1階地上2階建て）
収 蔵 点 数：――
開　館　日：繁忙期以外随時（社務所にて入館受付）
入　館　料：大人500円・小中学生300円
　　　　　　（1階のみ大人200円・小中学生100円）
そ　の　他：1階展示室のみ撮影可

1. 設立経緯

　寛永4（1627）年に鎮座した当社は、創建当初の社宝の多くを度重なる災害により失ってしまったが、旧深川、京橋、日本橋などの下町の古民具や郷土史料を後世に残す事を目的に、昭和58（1983）年に富岡八幡宮資料館を創設した。2階部分は、宮司が東アジア文化史研究者であった経緯から、近隣諸国の理解促進を目的に、主に14世紀〜18世紀の中国・朝鮮の陶磁器を展示している。

2. 所蔵品と展示の概要

　当社周辺の土地柄を反映して、船大工が使用する木挽き道具や、深川浜の漁師が使用していた網などの漁具、米問屋で使用していた大福帳などの他、庶民が使用した煙草盆などの古民具およそ数百点余りを展示している。また、当社と相撲興行とのかかわりから、力士をモチーフにした浮世絵も展示されている。

　なお、1階展示物の多くは直接間近に展示物を見ることができる。また、2階の陶磁器コレクションは、年毎に展示替えを行っている。

3. 刊行物

リーフレット「富岡八幡宮御由緒」

新田神社・宝物殿
にったじんじゃ・ほうもつでん

所　在　地：〒146-0093 大田区矢口1-21-23
電　　　話：03-3758-1397
設　　　立：1977（昭和52）年
建 築 面 積：37㎡
収 蔵 点 数：18点
開　館　日：10月10日（13:00～15:30）
入　館　料：無料

1. 設立経緯
　第60回式年遷宮の後の昭和51（1976）年に、伊勢神宮の神宝「御櫛筥」「御弓」「御楯」を特別に撤下され、それらの神宝と戦災から免れた新田神社の様々な宝物をあわせて収蔵展示する為に、昭和52年に設置された。

2. 所蔵品と展示の概要
　神宮撤下御神宝（御櫛筥、御弓、御楯）と、新田義興及び新田神社所縁の新田大明神縁起（上下二巻・東京都指定文化財）、新田義興の書状、和鞍、太刀、脇差、槍、掛軸、神楽面、鎧兜等の資料が収蔵・展示されている。

13. 東京都　乃木神社・宝物殿

のぎじんじゃ・ほうもつでん
乃木神社・宝物殿

所　在　地：〒107-0052 港区赤坂 8-11-27
電　　　話：03-3478-3001
設　　　立：1983（昭和58）年11月1日
建 築 面 積：54㎡
　　　　　　（鉄筋コンクリート建築屋根銅板葺）
収 蔵 点 数：約200点
開　館　日：年中無休（9:00～16:00）
入　館　料：無料
そ　の　他：館内野外写真撮影可

1. 設立経緯

　大正2（1913）年に乃木希典将軍夫妻を祀り国民崇敬の祠とすることを目的として、東京市長阪谷芳郎男爵を会長として中央乃木会を設立し、乃木神社の設立を申請し許可を受け、乃木邸の隣地（木戸侯爵邸の一部 及び一部民有地）を購入し、鎮座の地（現在地）とする。御鎮座60年祭にあたる昭和58（1983）年宝物殿が竣工される。現在は学芸員資格を持たない神職が兼務して管理（保存・展示等）を行っている。

2. 所蔵品と展示の概要

　明治天皇に殉死した乃木将軍夫妻の遺品等が展示されている。夫妻の遺品等（展示資料）を展示することにより、その事跡や人柄を通じて、現代では希薄な「誠」の精神を伝えることが目的とされている。主な資料は「御祭神（乃木将軍）遺言條々」「御殉死の刀」「御愛用の単眼鏡」「遺墨」「御夫人（乃木将軍夫人）御愛用の品々」等である。展示室は常設のみで、不定期ではあるが展示替えを行っている。資料の貸し出しも行っており、資料管理は帳簿からデータベースへ切り替えている最中で、管理体制の強化を図っている。

　また、乃木神社の境内地が乃木将軍夫妻の居住地であったため、当時の住居であった母屋と厩を「旧乃木邸」として野外展示している（港区指定文化財：昭和62年）。

3. 刊行物

　特になし（神社パンフレットへの合同記載有り）

4. その他

　所蔵資料については専用ではないものの、保存施設を持っている。

日枝神社・宝物殿

ひえじんじゃ・ほうもつでん

所　在　地：〒100-0014 千代田区永田町 2-10-5
電　　　話：03-3581-2471
設　　　立：1979（昭和 54）年
建 築 面 積：150.8㎡（鉄筋・平屋建て）
収 蔵 点 数：――
開　館　日：火曜・金曜日以外（10:00～16:00）
入　館　料：無料
そ　の　他：館内写真撮影可・英語版パネルあり

1. 設立経緯
　昭和 53（1978）年に行われた江戸城内御鎮座 500 年大祭の記念事業として、その翌年に氏子各町の総意のもとに造営された。学芸員資格を持つ神職が兼務して基本的な管理を行っている。

2. 所蔵品と展示の概要
　主な所蔵品は刀剣 31 口（内国宝 1 口、重要文化財 14 口、重要美術品 1 口）、「朱印状」（徳川家康以降 14 代将軍徳川家茂まで）、山王に関わる美術工芸資料（錦絵）である。日枝神社が徳川幕府の直轄神社であった関係上、幕府に関連する資料が多くを占めている。常設展示のみであるが朱印状を除いて定期的に展示替えを行っている。展示資料は展示ケースに収められており、館内の温湿度は一括管理で刀剣に合わせている。所蔵資料の手入れや管理は、神職が学芸員資格を有しているものの、資料の性質上外部の博物館学芸員等に委託をしている（代々木刀剣博物館）。資料の新規収集や貸借は行っていない。希望に応じて、展示解説が行われている。

3. 刊行物
　リーフレット（「日枝神社宝物殿」「THE HIE SHRINE」）、『日枝神社宝鑑』等

4. その他
　展示室内には靴を履き替えた上で入館する。別置の資料専用の収蔵（保存）施設は別に設けられており、収蔵庫・展示施設ともに 24 時間体制で防犯管理が行われている。

武蔵御嶽神社・宝物殿

むさしみたけじんじゃ・ほうもつでん

所　在　地：〒198-0175 青梅市御岳山176
電　　　話：0428-78-8500
設　　　立：1976（昭和51）年
展　示　面　積：――（鉄筋建築・地上2階地下1階建て）
収　蔵　点　数：――
開　館　日：土日・祝祭日（平日は要予約）
料　　　金：大人300円・小人150円

1. 設立経緯

　当社に伝わる貴重な宝物類は古くからきわめて著名である。なかでも大鎧と螺鈿鞍は徳川将軍家上覧品として名高く、松平定信の『集古十種』にも採録された国内を代表する名品である。近世においても宝物類の居開帳が行われ江戸府内周辺から多くの参詣者が訪れる要因の一つにもなった。戦前にはすでに境内に宝庫が設けられて、国宝以下の宝物類を保管陳列する施設があったとされる。現在の施設は、昭和51（1976）年に新築整備されたものである。現在、武蔵御嶽神社より委託を受けた氏子・崇敬者により日常的な管理運営が行われている。

2. 所蔵品と展示の概要

　所蔵品は、鎌倉時代の武家の奉納品と、江戸時代の徳川将軍家や周辺の崇敬者からの奉納品が代表的であるが、そのほかに神仏分離の際の破壊と散逸を免れた仏教・修験道関係資料にも重要なものが多く含まれる。
　1階には、鎌倉時代の金覆輪円文螺鈿鏡鞍・舌長鐙・宝珠紋くつわの馬具一式（国宝）をはじめ、室町時代の蔵王権現の懸仏（御正体鏡）、南北朝期の鰐口や江戸時代の鉄製俵形賽銭箱（ともに都有形文化財）などが展示され、あわせて近世から続く太々神楽（都無形文化財）の映像展示も行われている。2階には、平安時代末期の赤糸威大鎧（国宝）と鎌倉時代の紫裾濃大鎧（国重要文化財）が中央の独立ケース内に展示され、その周囲に鎌倉時代の鍍金長覆輪太刀・宝寿丸黒漆鞘太刀・宝寿丸太刀（いずれも国重要文化財）に代表される中近世の奉納刀剣類が多数展示されている。
　資料の他館への貸出も行われており、螺鈿鞍はアメリカのメトロポリタン美術館にもかつて出展したことがある。

3. 刊行物

　図録『武蔵御嶽神社宝物集』、リーフレット「武蔵御嶽神社由緒並に宝物の御案内」

明治神宮・聖徳記念絵画館
めいじじんぐう・せいとくきねんかいがかん

所　在　地：〒160-0013 新宿区霞ヶ丘町1番1号
電　　　話：03-3401-5179
設　　　立：1926（大正15）年10月22日
建 築 面 積：約3,808㎡
収 蔵 点 数：80点
開　館　日：原則無休（9：00～17：00）
　　　　　　年末年始（12月30日～1月2日）
　　　　　　10：00～17：00
入　館　料：500円（施設維持協力金）

1. 設立経緯
　明治天皇と昭憲皇太后の遺徳を後世に伝えることを目的に、明治神宮外苑の中心施設として設立された。

2. 所蔵品と展示の概要
　展示されている絵画は、日本画40点と洋画40点の合計80点で、日本画に北野恒富・川崎小虎・邨田丹陵等、洋画に大久保作次郎・松岡寿・五姓田芳柳等、当時の代表的な画家が史実に基づき描いた作品である。

　展示は、明治天皇の生涯の出来事を、年代順に前半を日本画40枚、後半を洋画40枚で構成されており、目で見る明治の歴史と云え、当時の歴史・政治・文化・風俗をよく表している。

3. 刊行物
　『聖徳記念絵画館壁画集』他

明治神宮・宝物殿
めいじじんぐう・ほうもつでん

所　在　地：〒151-8557 渋谷区代々木神園町1-1
電　　　話：03-3379-5511
設　　　立：1921（大正10）年
建 築 面 積：1,702㎡（延床面積）
　　　　　　（校倉風大床造・鉄筋コンクリート）
収 蔵 点 数：約2,000点
開　館　日：原則月曜除く 3月～10月（9:00～16:30）
　　　　　　11月～2月（9:00～16:00）
入　館　料：一般500円・小中高生200円
　　　　　　※宝物展示室との共通券
そ　の　他：博物館相当施設（昭和30年12月28日）
　　　　　　重要文化財（宝物殿建築：平成23年6月20日）

1. 設立経緯
　宝物殿は神宮鎮座の翌年に竣工・開館した。祭神の遺徳の一端を、展示することにより偲ぶことを目的としている。学芸員が運営を行っている。また、平成9（1997）年10月には明治神宮文化館の竣工に伴い「宝物展示室」が別館として開設された。

2. 所蔵品と展示の概要
　明治神宮の祭神である明治天皇と昭憲皇太后にゆかりの深い日常使用の机、文房具、箪笥、愛読の書籍、着用の装束、乗車の馬車、その他の調度品を所蔵しており、そのうち約50点が常設展示されている。宝物殿は常設展示室のみで、企画展に関しては宝物展示室（写真右下）にて開催されている。エドアルド・キヨッソーネ撮影の肖像写真、六頭曳儀装車や歴代天皇の肖像画も展示されている。

3. 刊行物
　なし（神社リーフレット『明治神宮』に合同記載）

靖國神社・遊就館
やすくにじんじゃ・ゆうしゅうかん

所　在　地：〒 102-8246 千代田区九段北 3-1-1
電　　　話：03-3261-8326
設　　　立：1882（明治 15）年
建 築 面 積：11,200㎡（鉄筋）
収 蔵 点 数：約 100,000 点
開　館　日：原則無休（9:00 ～ 16:30）
入　館　料：大人 800 円・大学生 500 円
　　　　　　中高生 300 円・小学生以下無料
そ　の　他：(財) 日本博物館協会加盟・車いす常備・介助犬入場可
　　　　　　身障者用エレベーター、トイレ・スロープ完備

1. 設立経緯

遊就館は明治 10（1877）年の西南戦争終了頃に設立構想が持ち上がり、陸軍卿山県有朋を中心として設立準備が進められ、「御祭神の遺徳を尊び、また古来の武具などを展示する」施設として明治 15 年に開館された。開館後も幾多の増改築・別棟新築等の展示スペースの拡充を行っている。

現在の建物は、関東大震災の際に設立時の建物が大破してしまったため、建築家の伊東忠太博士を顧問に迎えて再建のための新築工事を行い、昭和 7（1932）年に再開館されたものである。戦後は本社社屋を占領軍に接収された富国生命に貸し出しており、休館状態にあったが、昭和 55 年になり再開館の準備が進められ、昭和 61 年にほぼ 40 年ぶりに再開された。平成 14（2002）年には館内を全面改装し、近代的な博物館としてリニューアルオープンしている。

2. 所蔵品と展示の概要

広大な展示スペースに膨大な資料を展示しており、見学所要時間は 1 時間半から 2 時間程度を要する。展示ゾーンは、「①近代日本の戦史」、「②靖國神社の歴史」、「③英霊のまごころ」に関する展示と大きく 3 つに分かれており、展示室は大小併せて 20 室余りに及ぶ。玄関ホールには「零式艦上戦闘機」、大展示室には人間魚雷「回天」、ロケット特攻機「桜花」、艦上爆撃機「彗星」などの戦後ご遺族・戦友より奉納された大型戦史資料を一堂に展示している。全館を通して非常に高い技術を駆使した展示であり、祭神の遺品を縁にその事蹟を伝え、見学者に慰霊と顕彰の念を涵養させることを主目的とした展示となっている。

3. 刊行物

リーフレットなど（ミュージアムショップに関連書籍多数）

湯島天満宮・宝物殿
ゆしまてんまんぐう・ほうもつでん

所　在　地：〒113-0034 文京区湯島 3-30-1
電　　　話：03-3836-0753
設　　　立：1999（平成 11）年
建 築 面 積：約 718㎡
　　　　　　（鉄筋・地下 1 階地上 2 階建て）
収 蔵 点 数：――
開　館　日：原則無休（9:00 ～ 17:00）
入　館　料：大人 500 円・高大生 300 円
　　　　　　小中学生 200 円・シルバー（65 歳以上）300 円
そ　の　他：来館者専用エレベーターあり

1. 設立経緯

　湯島天満宮宝物殿は平成 14（2002）年の菅公一千百年大祭記念事業の一環として、新社殿造営に続き、平成 11 年に竣工された。内部は近代的な展示施設として展示環境もよく行き届いた建物である。1 階部分は、受付兼エントランスとなっており、湯島天満宮の神輿と町内神輿が数基展示されている。地下 1 階部分は収蔵庫兼展示室となり、湯島天満宮の祭神である菅原道真公にまつわる絵画を中心として、古くより神社に伝わる社宝が多数展示されている。

2. 所蔵品と展示の概要

　主な展示物は、「湯島天神門前総図」（区指定文化財）、出目長吉作「天神面」（区指定文化財）、河鍋暁斎画「入船図」（区指定文化財）、「野見宿禰と当麻蹴速図」（区指定文化財）、尾形月耕「能額十二面」、谷文晁画「綱敷天神」、近衛信尹画「渡唐天神」、狩野探幽画「束帯天神」、狩野洞雲画「牛乗天神像」、安田靫彦画「恩賜の御衣」などや近代の著名な日本画家の描いた梅花を題材とした作品がある。
　とりわけ河鍋暁斎、暁雲、暁翠、親子合作「龍虎鷹山水図衝立」（区指定文化財）は展示ケースを隔てずに展示しており、見学者が間近に見ることが出来る。なお、常設展示の入れ替えも適宜行われている。

3. 刊行物

　リーフレット（「湯島天満宮宝物殿」）、展示解説シート一枚（入館時に配布）、刊行物など。

14. 神奈川県

江島神社・弁天堂 (奉安殿)
えのしまじんじゃ・べんてんどう（ほうあんでん）

所　在　地：〒251-0036 藤沢市江の島2丁目3-8
電　　　話：0466-22-4020
設　　　立：1873（明治6）年（1970・昭和45年）
展 示 面 積：約27㎡（鉄筋建築・地上1階建て）
収 蔵 点 数：――
開　館　日：原則無休
料　　　金：大人150円・中高生100円・小人50円

1. 設立経緯

　近世に弁財天信仰にもとづく江の島詣で多くの参詣者を集めたが、明治初年の神仏分離で江島神社となった。それまでの信仰主対象であった妙音弁財天座像は宝庫に収蔵され、八臂弁財天座像をはじめ散逸を免れた仏教関係資料とその他伝来の社宝合計約40点は江島神社中津宮境内に設けた宝物拝観所で公開された。日本国内でもっとも古くに創設された神社博物館の一つである。戦後1970（昭和45）年に、奈良県法隆寺夢殿を模して現在の弁天堂（奉安殿）が江島神社辺津宮境内に新設統合され、改めて信仰対象として妙音弁財天座像・八臂弁財天座像などが安置されている。

2. 所蔵品と展示の概要

　鎌倉時代の裸形の妙音弁財天座像・鎌倉時代初期の木造彩色の八臂弁財天座像（県指定有形文化財）を堂内正面中央に安置し、十五童子立像・江島大明神勅額・弁財天像扁額などがあわせて公開されている。

鎌倉宮・宝物殿
かまくらぐう・ほうもつでん

所　在　地：〒248-0002 鎌倉市二階堂154番地
電　　　話：0467-22-0318
設　　　立：1924（大正13）年
展 示 面 積：――（木造建築・平屋建て）
収 蔵 点 数：――
開　館　日：原則無休（9:30～16:00）
料　　　金：中学生以上300円・小学生150円

1. 設立経緯
　鎌倉宮宝物殿の建物は、明治6（1873）年4月16日の明治天皇行幸の際の行在所として明治4年に建設され、その後大正13（1924）年に建物の境内側に面した約半分を改修して現在の宝物殿を開設した。

2. 所蔵品と展示の概要
　展示物は祭神である護良親王ゆかりの品々を展示している。主な展示物としては「護良親王馬上像」や「護良親王像」などの彫刻類や、鎌倉宮の神額や御令旨などがある。なお、10名以上の来館で神職ないし職員による展示解説も受け付けている。

3. 刊行物
　パンフレット

寒川神社・方徳資料館

所　在　地：〒253-0195 高座郡寒川町宮山3916
電　　　話：0467-75-0004
設　　　立：2009（平成21）年8月
建 築 面 積：約100㎡（鉄筋建築・2階建て）
収 蔵 点 数：1,000余点
開　館　日：4月1日〜11月30日の間で月曜日以外
　　　　　　（午後9時〜午後4時　祝祭日の月曜日は開館）
入　館　料：無料（但し、ご祈祷申込の方のみ入館可）

1. 設立経緯

相模国一之宮として古来より崇敬を集める寒川神社は、関八州の裏鬼門に位置する所から、八方除の守護神としても信仰されていた。これに由来し館名を「方徳資料館」と称して、日本文化における方位除の信仰の歴史と意義を正しく伝達すべく平成21（2009）年に設立された。

方徳資料館の活動は、①方位除信仰関連の歴史展示（於：常設展示室）、②企画展の実施、③学術研究並び助成、研究発表の実施、④寒川神社の信仰の教化・啓蒙活動、⑤出版物の刊行、⑥各種資料の収集と保管（於：2階収蔵庫）である。

2. 所蔵品と展示の概要

代表的所蔵資料は、大神塚古墳出土品の考古遺物、後北条氏寒川神社再興棟札、武田信玄奉納「六十二間筋兜鉢」（国指定重要美術品、神奈川県指定重要文化財）など。方位に関する展示物としては、『宣明暦』全七巻（稀覯本）、「ソディーの6球連鎖」の算額（文政5（1822）年）などがある。

神社の信仰特性を、学術的に展示として具現化し見学者に的確に情報を伝え得る素晴らしい展示であり、効果的な視覚展示を行うなど神社博物館の展示として完成された一つの形態といえる。

3. 刊行物

リーフレット、50種に及ぶ解説シート、各種出版物

4. その他

収蔵庫は階上に置き、施設内のすべてに杉材を使用した、資料保存に配慮された施設である。

三之宮比々多神社・三之宮郷土博物館

所　在　地：〒259-1103 伊勢原市三ノ宮 1472
電　　　話：0463-95-3237
設　　　立：1953（昭和28）年
展 示 面 積：──（木造建築・地上1階建て）
収 蔵 点 数：約 2,000 点
開　館　日：原則無休
　　　　　　（年末年始・4月22日・節分除く）
料　　　金：大人 200 円・小人 100 円

1. 設立経緯

　三之宮比々多神社周辺に、縄文時代や古墳時代の多数の遺跡が存在することが早くから知られており、伝来の社宝や散逸の恐れがあったこうした周辺遺跡出土考古資料の収集保存と公開を目的として、郷土史に造詣の深い前宮司の永井参治氏により昭和28（1953）年に宝物殿として創設された。その後、考古資料の増加に伴って充実した展示内容に即して、現在の三之宮郷土博物館に改称された。現在、神職が運営を兼務している。

2. 所蔵品と展示の概要

　古代の須恵質陶器で神体の「うずら瓶」（県重要文化財）、平安時代の狛犬（市重要文化財）などの社宝類のほかに、いずれも市指定重要文化財の登尾山古墳・尾根山古墳・栗原古墳・らちめん古墳の各古墳出土遺物や、三之宮比々多神社境内遺跡出土の縄文時代～平安時代までの各時代の遺物が所蔵されている。特に古墳時代の遺物は、県内を代表する資料として著名である。また、境内本殿背後には、近隣で見つかった下谷戸遺跡の縄文時代後期の配石遺構・敷石住居（市指定史跡）と三之宮3号墳の横穴式石室が移設復元されており、博物館展示資料と連動した野外展示が企図されている。伊勢原市には、地域の文化財を常設展示する博物館が存在しないため、市域を代表する郷土博物館としても重要な役割を果たしている。

3. 刊行物

『拝観案内：いせはらの歴史と文化』

つるがおかはちまんぐう・ほうもつでん
鶴岡八幡宮・宝物殿

所　在　地：〒248-8588　鎌倉市雪ノ下2丁目1-31
電　　　話：0467-22-0315
設　　　立：1902（明治35）年
展 示 面 積：約228㎡（木造建築・地上1階建て）
収 蔵 点 数：――
開　館　日：原則無休（例祭日・展示替え期間を除く）
料　　　金：大人200円・小人100円

1. 設立経緯

　中世以来の武家社会で最重要の神宮寺であったため貴重な文化財が多数あり、伝来の重宝を江戸で出開帳して勧進を募ることや、礼銭を受けて神宝を参詣者に公開することも、すでに江戸時代から組織的に行われていた。明治初年の神仏分離の際に仏教関係資料のほとんどを失ったが、明治5（1872）年には現在の宝物殿と同じ本殿周囲の廻廊文政11年（1828年造営）に「廻廊霊宝場」が設けられていた。その後、明治25（1892）年〜明治32年に、「鎌倉懐古展覧会」が同じ廻廊で毎年開催され、明治35年には廻廊北半分が常設の「宝物陳列場」に改造された。戦争激化に伴い昭和19（1944）年に一時閉館し、宝物類の疎開が行われたが、戦後の昭和22年から再開され現在に至っている。

2. 所蔵品と展示の概要

　鎌倉時代の沃懸地杏葉螺鈿太刀（国宝）、沃懸地杏葉螺鈿平胡籙（国宝）、白小葵地鳳凰文二重織などの袿5領（国宝）、籬菊螺鈿蒔絵硯箱（国宝）、木造弁才天坐像（国重要文化財）、舞楽面（国重要文化財）、戦国時代の北条氏綱奉納太刀（国重要文化財）、鎌倉時代の鶴岡社務記録（国重要文化財）、鶴岡八幡宮文書（国重要文化財）などの多数の国宝・国指定重要文化財を所蔵するが、保存と防犯対策などの理由で、展示資料のほとんどは現在複製資料が中心である。

　なお、鶴岡八幡宮の例大祭時期にあわせて境内にある鎌倉市立鎌倉国宝館で、鶴岡八幡宮古神宝展が毎年開催され、重要な国宝等の特別展示が行われているほか、他館への資料貸出も行われている。

3. その他

　昭和55年に、鶴岡八幡宮が境内に設置した鶴岡文庫内には、戦国時代末期の鶴岡八幡宮寺の姿を精巧に復元した模型が展示されており、見学申込者に対して無料で公開されている。

箱根神社・宝物殿

はこねじんじゃ・ほうもつでん

所 在 地：〒250-0522 足柄下郡箱根町元箱根80-1
電　　 話：0460-83-6669
設　　 立：1907（明治40）年
建 築 面 積：236㎡
収 蔵 点 数：110点
開 館　日：原則無休（9:00～16:30）
入 館　料：大人500円　小学生300円
そ の　他：博物館相当施設・日本博物館協会加盟
　　　　　　車いす専用入り口あり

1. 設立経緯

　箱根神社の古文書・神宝・奉納品等の宝物資料の収蔵・展示を目的に明治40（1907）年に開設。その後、昭和5（1930）年に起きた豆相地震により宝物殿が被災、昭和9年に再建・再開館している。昭和30年には博物館法に基づく博物館相当施設に指定され、平成19（2007）年正月元旦に御鎮座1250年・宝物殿開設100周年を記念して新築され現在に至っている。

2. 所蔵品と展示の概要

　箱根権現縁起絵巻、万巻上人坐像、赤木柄短刀、鉄湯釜、浴堂釜（重要文化財）、箱根権現御影、箱根三所権現板絵、箱根山縁起并序（町重要文化財）を展示。
　2階常設展示室では、奈良時代から明治時代までを対象に、神社の創建期・最盛期・再興期に区分し、関東総鎮守と崇められた箱根神社の歴史と文化を概観できるよう、各時代の主な彫刻・絵画・古文書・工芸品等のほか、小田原北条氏、箱根用水工事、社家、皇室関係資料を展示。映像コーナーでは箱根神社の祭礼を紹介している。
　3階企画展示室では主に、『曽我物語』に登場する曽我兄弟の坐像や、仇討に使用した太刀をはじめ、仇討事件当時の様子を伝える文書や絵画を展示、箱根神社所蔵の鎌倉幕府関係資料や神像群、絵巻物、浮世絵も随時公開している。

3. 刊行物

　収蔵品図録『箱根の宝物』、特別展図録『二所詣』

八菅神社・宝物館
はすげじんじゃ・ほうもつでん

所　在　地：〒243-0305 愛川郡愛川町八菅山 141-3
電　　　話：046-286-5484
設　　　立：1975（昭和50）年3月
建 築 面 積：約60㎡（鉄筋建築・平屋建て）
収 蔵 点 数：約300点
開　館　日：正月三ヶ日・3月28日以外は
　　　　　　事前予約制
入　館　料：大人100円、小人50円
　　　　　　（但し、研究の為の拝観は別扱い）
そ　の　他：写真撮影可
関連博物館：愛川町郷土資料館

1. 設立経緯

八菅神社は丹沢山塊の東端に位置する独立丘陵で海抜240mを計り、中津川に面する。明治維新政府の神仏分離令以前は、50余りの院・坊が存在した、修験の霊場であった。経塚が多数造営され、その一部は現在でも裏山に遺存している。

昭和47（1972）年に神奈川県教育委員会による調査がなされ、多数の経塚遺物が検出された。これらの遺物の保存と従来からの伝世資料を保存・公開すべく昭和50年に設立された。

2. 所蔵品と展示の概要

代表的所蔵資料として役行者御霊判、法鉢、錫杖、自筆尊影、足利持氏御加判勧進帳、弘法大師筆大般若経、一遍上人筆板名号、海老名李貞守本尊正観音、白河法王紺地金泥納経、北条時頼入道作六地蔵尊、鰐口天文年間の作、役小角像賓頭盧尊像、古刀（百足丸）永和四年備前長船義清作、八菅山経塚群出土の和鏡、刀子、経筒外容器がある。中でも愛川町郷土資料館に保管展示されている、外容器内部より出土した木製の愛染明王合子形持仏は特異な資料である。

展示は、所謂収蔵展示で大型資料は露出展示、小型の資料はケース内展示としている。収蔵庫型展示施設である。

3. 刊行物

リーフレット（『八菅山の栞』愛川町教育委員会）

報徳博物館
<small>ほうとくはくぶつかん</small>

所　在　地：〒250-0013 小田原市南町 1-5-72
電　　　話：0465-23-1151
設　　　立：1983（昭和58）年 10月 1日
建 築 面 積：1,116.52㎡（延床面積）
収 蔵 点 数：──
開　館　日：水曜日以外開館（9:00 ～ 17:00）
　　　　　　但し、年末年始・祝祭日の翌日は休館
入　館　料：大人 200 円、小人 100 円
そ　の　他：専用エレベーターあり
関連博物館：尊徳記念館

1. 設立経緯

　報徳二宮神社の祭神である二宮尊徳卒去 80 年祭を記念して、昭和 33（1958）年に宝物殿を建設し公開していたが、その資料中 134 点が「二宮尊徳関係資料」として県指定重要文化財に指定されたのを機に、神社から独立した財団法人報徳福運社が現在地に博物館を新設した。

　幕末の疲弊した社会の再建人である、二宮尊徳の「報徳」と呼ばれる人づくり、国づくりの思想と業績を伝える。日本の近代化・国造りの過程において、生活と産業基盤の安定・向上に大きな役割を果たした報徳仕法が、日本と世界のあらゆる地域で役立てられることを願い、関連する多くの文献・資料・遺品・文化財等を公開し、研究と普及に努めている。

2. 所蔵品と展示の概要

　二宮尊徳の書状・遺品・肖像類、報徳関係書類、幕末・明治初年の各地復興事業関係資料等の「二宮尊徳関係資料」（神奈川県指定重要文化財）を中心に、駿東・足柄地方関係資料、その他報徳関連歴史資料を収集・展示。2 階の常設展示室（155㎡）の他、地階に企画展示室（151㎡）、3 階に特別展示室兼研修室（64㎡）、資料閲覧室を備え、随時展覧会、講座を開催している。

3. 刊行物

　『報徳博物館館報』、「友の会だより」

4. その他

　収蔵資料を「デジタル資料館」としてホームページで公開、その他発行物も閲覧可能。

師岡熊野神社・熊野郷土博物館

もろおかくまのじんじゃ・くまのきょうどはくぶつかん

所　在　地：〒222-0002 横浜市港北区師岡町1137
電　　　話：045-531-0150
設　　　立：1950（昭和25）年9月
建 築 面 積：約40㎡（木造建築・地上2階建て）
収 蔵 点 数：約2,000点
開　館　日：事前予約制（8月24日例祭時は無料開館）
入　館　料：大人200円、中学生以下100円
そ　の　他：館内撮影可

1. 設立経緯

当社背後の権現山に縄文時代前期の師岡貝塚があるなど、周辺の多数の有形・無形文化財や郷土史に深い関心を寄せた前宮司の石川武靖氏が、郷土の文化財の保存・公開を目的に設立。郷土資料の展示を主目的とした神社博物館としては国内最古級である。1985（昭和60）年11月に、現宮司石川正人氏が現在の独立した博物館専用の建物を新築。現在、神職が運営を兼務している。

2. 所蔵品と展示の概要

社宝では熊野山略縁起の版木・光孝天皇綸旨箱・雨乞龍頭・刀剣などがある。考古資料では横浜市歴史博物館の企画展にも出展された横浜市鶴見区駒岡堂ノ前古墳出土の古墳時代の形象埴輪類・港北区師岡町出土の中世の常滑壺など、古文書では中世の熊野山略縁起・北条早雲寄進状写、民俗資料では筒粥神事（市指定無形民俗文化財）に用いる筒などが代表的である。特に堂ノ前古墳出土の翳形・靫形・大刀などの形象埴輪類は、横浜市域を代表する資料として著名である。

3. 刊行物

リーフレット「熊野郷土博物館御案内」

若宮八幡宮郷土資料室・金山神社資料室

わかみやはちまんぐう・きょうどしりょうしつ・かなやまじんじゃ・しりょうしつ

所　在　地：〒210-0802 川崎市川崎区大師駅前 2-13-16
電　　　話：044-222-3206
設　　　立：──
展 示 面 積：──（鉄筋建築・2階2室）
収 蔵 点 数：約4,000点
開　館　日：無休（9時～16時）
料　　　金：無料（金山神社資料室は成人のみ入室可）

1. 設立経緯

中村博光前宮司により、当社周辺の民俗資料と、祭神に因む資料を収蔵展示する施設として創設。若宮八幡宮郷土資料室・金山神社資料室ともに、境内参集殿2階に2室に分かれて併設。

2. 所蔵品と展示の概要

郷土資料室は、当社周辺で盛んであった海苔養殖業・漁業に関する民俗資料を中心に収集展示している。金山神社資料室は、境内に併祀される金山神社の祭神が「かなまら様」と呼ばれ、鍛冶と性にまつわることから、特に性信仰・民俗にまつわる神社伝来資料およびこれに関連する寄贈資料をあわせて収集展示している。

15. 山梨県

武田神社・宝物館
<small>たけだじんじゃ・ほうもつかん</small>

所　在　地：〒400-0014 甲府市古府中町2611
電　　　話：055-252-2609
設　　　立：1973（昭和48）年
建 築 面 積：329.8㎡
収 蔵 点 数：432点
開　館　日：原則無休
入　館　料：大人300円・小学生150円
関連博物館：信玄公宝物館・山梨県立博物館

1. 設立経緯

武田家三代（信虎・信玄・勝頼）の居城であった躑躅ヶ崎館跡に鎮座する武田神社に付属する博物館として設立。周囲の掘、土塁等に代表される遺構は、戦国時代のもので昭和13（1938）年に国指定史跡となっている。この意味では、保存史跡に設立されている博物館でもある。

2. 所蔵品と展示の概要

武田家関連資料の提示型展示。代表的展示品としては、重要文化財太刀「吉岡一文字」、金小実南蛮胴具足「武田家相伝」、武田信玄宛「御奈良天皇綸旨」などがある。その他、武田流兵法書、書籍、絵画、判物等々を展示している。

3. 刊行物

収蔵品図録、武田信玄関係書籍など

山県神社・甲斐市竜王歴史民俗資料館

所　在　地：〒400-0015 甲斐市篠原190
電　　　話：055-276-2111
設　　　立：1973（昭和48）年
建 築 面 積：100㎡
収 蔵 点 数：170点
開　館　日：事前連絡
　　　　　　（山県神社社務所 055-276-2653）
入　館　料：無料

1. 設立経緯

郷土の偉人である山県大弐（江戸時代）の学徳、及び郷土の人々の過去の生活を伝承する目的で設立。山県神社境内地内に、旧竜王町が設立したもので、管理は山県神社に委ねられている。

2. 所蔵品と展示の概要

収蔵展示。1階部分に歴史資料と民具を展示。2階部分に山県大弐に関する紙資料や、旧教科書等々の教育資料がケース内展示されている。

代表的資料として、『発音略』一巻、『天経発蒙』八巻、『琴学発揮』二巻、『制作図式』一巻、「富岳の図」一幅等々がある。

山梨縣護國神社・史実資料館

所　在　地：〒400-0013 甲府市岩窪町608
電　　　話：055-252-6371
設　　　立：1974（昭和49）年
建 築 面 積：約110㎡（鉄筋建築・2階建て）
収 蔵 点 数：約360点
開　館　日：事前連絡
入　館　料：無料

1. 設立経緯

　明治12（1878）年12月に招魂社として甲府市太田町で創建され、昭和19（1944）年11月28日に当地に遷座し、山梨縣護國神社として内務大臣より指定を受ける。その後、名称変更や拝殿、舞殿等々を造営する中で、昭和49年に展示施設としての「史実資料館」を設置した。

2. 所蔵品と展示の概要

　遺族から奉納された祭神の遺書や遺品をはじめ、甲府の歩兵第49連隊戦争資料を提示型展示する。

16. 長野県

御嶽神社・御嶽山史料館
おんたけじんじゃ・おんたけさんしりょうかん

所　在　地：〒397-0201　木曽郡王滝村3153-21
電　　　話：0264-48-2648
設　　　立：1988（昭和63年）
建築面積：──
収蔵点数：──
開　館　日：月曜日・年末年始以外（9:00～16:30）
入　館　料：一般（高校生以上）200円
　　　　　　小中学生100円
そ　の　他：博物館類似施設

1. 設立経緯
　古来より山岳修験の霊場として知られる御嶽神社は、御岳信仰に関わる歴史資料や民俗・考古資料を数多く所蔵している。それらの文化財を後世まで保管・展示し、広く一般に公開することで、御嶽神社と地域一帯の歴史や記録を伝承していくことを主目的として昭和63（1988）年に設立された。平成19（2007）年にはリニューアルオープンがなされ、展示内容の充実を図っている。

2. 所蔵品と展示の概要
　江戸時代に奉納された絵馬の展示を中心として、御嶽山岳信仰の歴史を主な展示テーマしている。その他、藩政時代の古文書や、御嶽山の噴火の歴史と長野県西部地震の記録など王滝村の歴史に関わる展示物を行っている。

3. 刊行物
　リーフレット

諏訪大社・宝物殿

すわたいしゃ・ほうもつでん

所　在　地：〒392-00015 諏訪市中洲宮山1
電　　　話：0266-52-1919
設　　　立：1988（昭和63）年
建 築 面 積：約50㎡（鉄筋建築・平屋建て）
収 蔵 点 数：約2000点
開　館　日：無休（正月のみ休館）9:00～16:00
入　館　料：一般500円（上社・下社共通券800円）
　　　　　　小中生300円（上社・下社共通券500円）
関連博物館：諏訪市立博物館

1. 設立経緯

諏訪大社は日本最古の一社であり、古代より伝わる神器、神宝、また歴代の皇室、武門武将の社領の寄進状やあるいは神宝の奉納品を展示し、諏訪神社の歴史を通じて、地方文化に発展に寄与することを目的としている。（『全国博物館総覧』（日本博物館協会編）より）

2. 所蔵品と展示の概要

提示型を基本とする。

徳川家康をはじめとし、三代家光から十四代家茂までの徳川家社領寄進状（朱印状）、瑞花八陵鏡、八栄鈴、サナギの鈴、薙鎌等の祭祀遺物を代表とし、古文書、古絵図、刀剣類、銃砲等を展示する。

3. 刊行物

リーフレット「諏訪大社　宝物殿の栞」

戸隠神社・青龍殿

とがくしじんじゃ・せいりゅうでん

所　在　地：〒381-4101 長野市戸隠3506
電　　　話：026-254-2001
設　　　立：2011（平成23）年4月23日
建 築 面 積：230㎡（木造建築・平屋）
収 蔵 点 数：――
開　館　日：要確認（9:00～16:30）
入　館　料：一般300円・小学生200円

1. 設立経緯

かねてより戸隠神社は中社付近に、参拝者の為に参集館の建設を推進していた。その建設計画の過程で、重要文化財「通天牙笏」を始めとする戸隠神社ゆかりの品々を、参拝客に対し展示・公開をすることにより、戸隠神社の由緒と「戸隠講」に代表される戸隠信仰を紹介することで教育普及と教化を図る目的として、参集館に宝物館の併設が決定された。

2. 所蔵品と展示の概要

展示意図としては、霊場・戸隠の由緒の深さを展示品を通して明らかにし、同時に広く全国に浸透していた「戸隠講」と戸隠信仰の重要性についての教化を目的としている。

主な展示物として、重要文化財の「通天牙笏」がある。アフリカ象の象牙で作られており、東大寺正倉院所蔵のものと同様、優品であるとされる。

他に平安時代作とされる長野県宝「不動明王御正躰」（銅製）も展示されている。その他戸隠信仰に由来する出土品「密教法具」、室町期製作「龍頭」、江戸時代作「飯綱権現立像」などが展示されている。

3. 刊行物

展示目録

穂高神社・資料館 (御船会館)

<small>ほたかじんじゃ・しりょうかん（おふねかいかん）</small>

所　在　地：〒399-8303 安曇野市穂高6079
電　　　話：0263-82-7310
設　　　立：1982（昭和57）年
建 築 面 積：760㎡（鉄筋建築・2階建て）
収 蔵 点 数：約250点
開　館　日：原則無休（9:00～16:30）
入　館　料：一般300円・中高生250円
　　　　　　小学生200円

1. 設立経緯

穂高神社を特徴づける御船と御布令神事、御船ぶつけ合い、伝統の穂高人形などを常設で紹介し、穂高神社遷宮神事と本殿建て替えの歴史やあわせて穂高神社奥宮と峯宮についても解説する場所として設立された。

2. 所蔵品と展示の概要

御船、穂高人形、古文書（三宮穂高社御造営定日記）、道祖神、絵馬、調度品、衣装、穂高人形大飾物（歴史絵巻）などを展示。

3. 刊行物

『道祖の神と石神様たち』、『大飾物の回顧』他

17. 静岡県

井伊谷宮・史料館
（いいのやぐう・しりょうかん）

所　在　地：〒431-2212
　　　　　　浜松市北区引佐町井伊谷199-1
電　　　話：053-542-0355
設　　　立：1975（昭和50）年
建 築 面 積：――
収 蔵 点 数：――
開　館　日：原則無休
入　館　料：無料
そ　の　他：写真撮影可

1. 設立経緯

井伊谷宮の祭神である宗良親王の遺品と、様々な奉納品を後世に残し、広く一般に宝物を公開することを目的として、昭和50（1975）年に設立された。

2. 所蔵品と展示の概要

一般的な「収蔵庫型展示」の形態で展示を行っている。

主な展示物としては、重要文化財として指定されている太刀（銘國綱）がある。ほか、引佐町の指定文化財として、『紙本淡彩神馬図』、大久保一丘筆「神馬之図」の奉納品や、「兜前立一式」や「宗良親王御佩刀傳舞革一口」、「宗良親王御真筆　古今和歌集所蔵和歌三首」などの手沢品や遺品などを展示している。その他、本居豊穎和歌、中野千俵短冊、奥山正文短冊、李花集古写本二冊、山本金木書掛軸、本居豊穎書掛軸など明治期の国学者の奉納和歌や掛け軸、神社の古記録（二冊）、他歴史資料を所蔵している。

井伊谷宮・日本絵馬史料館
いいのやぐう・にほんえましりょうかん

所　在　地：〒431-2212
　　　　　　浜松市北区引佐町井伊谷199-1
電　　　話：053-542-0355
設　　　立：1990（平成2）年頃
建 築 面 積：約88㎡
収 蔵 点 数：約2,500点
開　館　日：原則無休（9:00～16:00）
入　館　料：一般200円・子供100円
そ　の　他：館内写真撮影可

1. 設立経緯

　井伊谷宮は明治5（1872）年に創建された神社で、旧社格は官幣中社である。建武中興十五社（後醍醐天皇の治世に尽力した皇族や南朝の功臣を主祭神とする神社）の一社に数えられる神社であり、祭神は後醍醐天皇の第四皇子である宗良親王を祀っている。

　日本絵馬史料館は、絵馬師である故安田識人氏の所蔵絵馬の寄贈を受けて、今から20年ほど前には開館していたとされる。日本で類例の少ない絵馬専門の資料館の一つである。

2. 所蔵品と展示の概要

　設立者である安田識人氏が製作した全国社寺仏閣の授与絵馬などを主として展示している。

　氏の作品の中でも、授与品として神社に奉納する絵馬だけではなく、「大絵馬」や縁起物として贈られる現代的な絵馬の活用例なども併せて紹介している。他、一般希望者が執筆した絵馬の展示や、江戸時代からの小絵馬（復刻品）を体系的に展示し解説するコーナーを設けている。

　なお、いずれの展示物もケース内展示ではなく、露出展示となっている。

3. 刊行物

　創立二十五周年記念発刊『伊勢絵馬の歩み　くさぐさの記』

17.静岡県　伊豆山神社・熱海市立伊豆山郷土資料館

伊豆山神社・熱海市立伊豆山郷土資料館
（いずさんじんじゃ・あたみしりついずさんきょうどしりょうかん）

所　在　地：〒413-0002 熱海市伊豆山708番地2
電　　　話：0557-80-4252
設　　　立：1981（昭和56）年
建 築 面 積：100㎡（鉄筋建築・平屋建て）
収 蔵 点 数：――
開　館　日：月曜日
　　　　　　（ただし祝日の場合はその翌日）以外
　　　　　　年末年始休館あり
入　館　料：大人150円、高・大学生100円、
　　　　　　小・中学生50円（団体20名以上割引あり）

1. 設立経緯
　市民文化の向上及び文化財保護思想の普及を図るために、昭和54（1979）年に建てられ、昭和56年4月13日に開館した。

2. 所蔵品と展示の概要
　伊豆山神社の宝物を中心に伊豆山地区に伝わる郷土資料、県指定文化財の走湯権現立像や宝冠阿弥陀如来像、伊豆山経塚出土資料など、往時の信仰を考えるうえで貴重な資料を数多く展示。

3. その他
　重文の男神立像や伊豆山経塚資料などの一部は神社本殿や宝物殿にて保管。

※資料館外観写真は、熱海市ホームページに掲載されている写真を引用させて頂きました。

久能山東照宮・博物館

<small>くのうざんとうしょうぐう・はくぶつかん</small>

所　在　地：〒420-8011 静岡市駿河区根古屋390
電　　　話：054-237-2437
設　　　立：1965（昭和40）年
建 築 面 積：662.1㎡（鉄筋建築・2階建て）
収 蔵 点 数：約2,000点
開　館　日：原則無休
入　館　料：大人400円・小中学生150円

1. 設立経緯

　当館は、御祭神徳川家康公薨去後三百五十年祭の記念事業の一環で、宝物収蔵庫をかねた博物館として設立された。その前身は大正4（1915）年に久能山東照宮遷座三百年祭の時に設立された宝物館で、伝来の宝物の保存・一般公開を目的に建設された。

2. 所蔵品と展示の概要

　徳川家康公の手沢品を多く所蔵し、歴代将軍の刀剣・甲冑・書画・染織等もあり、その内容は多岐に渡る。国宝の太刀「真恒」のほかに、「伝三池光世」の太刀、行光・貞宗の脇差等の刀剣太刀13口、「白檀塗具足」等徳川家康公の具足三領、スペイン製置時計・鉛筆・鼈甲製の目器などの家康手沢品が、国指定重要文化財である。

　展示室は1階と2階に分かれる。1階は刀剣、軍配などの小道具、南蛮渡来の置時計といった小型の資料を壁ケース・ローケース・立体ケースで展示し、2階は甲冑、染織、書画など大型の資料を壁ケース・立体ケースで展示する。所蔵資料による展示が多く、それぞれの資料の性質に合わせて随時入れ替えを行う。

3. 刊行物

　『久能山東照宮博物館研究紀要』、『久能山東照宮博物館報』、『紀州徳川家伝来染織の美』等展示図録、『久能山東照宮伝世の文化財』等資料集

17. 静岡県　静岡縣護國神社・遺品館

静岡縣護國神社・遺品館
しずおかけんごこくじんじゃ・いひんかん

所　在　地：〒420-0821 静岡市葵区柚木 366
電　　　話：054-261-0435
設　　　立：1978（昭和53）年 9 月 23 日
建 築 面 積：約 250㎡
収 蔵 点 数：約 4,000 点
開　館　日：原則無休（9：00 ～ 16：30）
入　館　料：無料

1. 設立経緯

　遺品館設立以前にも、旧歩兵第三十四聯隊兵舎集会所を「護國記念館」として境内に移転・整備し、記念室・参考室を設けて展示活動に力を注いできた。
　遺品館は、この「護國記念館」の記念室・参考室・文庫を承ける形として、太平洋戦争の終戦30年を記念して、祭神である県内の戦歿者76,000柱の貴重な遺品を保存し、「殉国の誠を永く後世に伝えてこの豊かな平和が永遠に続くこと」に思いを込めて、昭和53（1978）年9月遺族会、各戦友会、関係諸団体等の協力により建設された。

2. 所蔵品と展示の概要

　神社社務所の2階の大部分を展示スペースとして利用しており、展示品は護國神社の祭神にまつわる戦時資料や戦没者の遺品が大部分を占める。
　主な展示物としては、九一式戦闘機のプロペラ、九二式重機関銃（レイテ島遺品）、ソ連製回転式軽機関銃、ソ連製水冷式重機関銃、重機関銃弾薬きょう（九二式曳光実包）、「震洋」の模型、週番士官用たすき、火炎放射器などがある。その他、展示はしていないが出征時に伝家の刀で設えた軍刀拵の銘品などを収蔵している。

3. 刊行物

　リーフレット

※外観写真は『静岡縣護國神社史』から転載させていただきました。

静岡浅間神社・静岡市文化財資料館

所　在　地：〒420-0868 静岡市葵区宮ヶ先 102
電　　　話：054-245-3500
設　　　立：1975（昭和50）年
建 築 面 積：583.2㎡（鉄筋建築・2階建て）
収 蔵 点 数：約300点
開　館　日：月曜日・祝日の翌日・年末年始以外
入　館　料：大人200円、30人以上の団体150円
　　　　　　中学生以下・静岡市在住の70歳以上
　　　　　　障害者手帳携行者と同介助者1名は無料
バリアフリー：階段スロープ、障害者用トイレ

1. 設立経緯

静岡浅間神社は神部神社・浅間神社・大歳御祖神社の三社を総称し、駿河国総社として古くから信仰を集めた。賤機山の南端に位置し、境内には賤機山古墳がある。

静岡市文化財資料館は、当初は静岡浅間神社の宝物館として設立するため、氏子総代・崇敬会の寄付が集められた。その後静岡市の補助により、市民文化の向上及び文化財保護思想の普及を図ることを目的として市の施設として設立された。静岡市文化財協会が管理運営を行っている。

2. 所蔵品と展示の概要

収蔵資料は静岡浅間神社の宝物を中心に、静岡市の収蔵資料、その他寄託資料を収蔵している。その内容は賤機山古墳より出土した遺物、徳川家関係資料、静岡浅間神社関係資料、山田長政関係資料、今川氏関係資料、武田氏関係資料、朝鮮通信使関係資料など多岐にわたり、主な資料として県指定文化財の東海道図屏風・徳川家康着初腹巻がある。

展示は1階の一部と2階で行われている。主に収蔵展示を行っており、壁ケースとローケースを使っている。年に2～3回の企画展を行っており、一部外部から資料を借用展示している。

3. 刊行物

『静岡の歴史カプセル 静岡市文化財資料館』
『国指定史跡　賤機山古墳』『静岡市文化財資料館収蔵品　図録』

17. 静岡県　東口本宮冨士浅間神社・御鎮座千二百年記念資料館

東口本宮冨士浅間神社・御鎮座千二百年記念資料館
(ひがしぐちほんぐうふじせんげんじんじゃ・ごちんざせんにひゃくねんきねんしりょうかん)

所　在　地：〒410-1431 駿東郡小山町須走126番地
電　　　話：0550-75-2038
設　　　立：2005（平成17）年8月30日
建 築 面 積：345㎡（鉄筋木造2階建）
収 蔵 点 数：約10,000点
開　館　日：不定休（電話にて要確認）
入　館　料：無料
そ の 他：写真撮影可

1. 設立経緯

大同2（807）年の創建より、御鎮座千二百年の慶節を記念し、記念事業の一環である新社務所建設に合わせて資料館（宝物館）を併設。開設の趣旨は社宝・富士講等の資料を収集、保存、展示することにより、広く当社を訪れる人々に富士信仰を教宣し、一層御神威昂揚を図ることにある。また、教育普及として地元自治体と連携し、氏子・学生・児童が郷土に関心と理解を深めるための総合的な学習の場を提供することも目的とする。

2. 所蔵品と展示の概要

既存の古文書類とともに散逸が憂慮される富士信仰関連の資料を収集し、適切な保存環境の下で保存管理が実施されている。壁面展示ケース、独立展示ケースおよび展示台合わせて十台を設置し、壁面空間も写真資料・解説パネル等に活用している。また、実物資料を中心として模型、ジオラマ等を取り入れている。神社にとって神域全体が一つの有効なる教化手段と考え、その導入またはまとめとして特色ある展示方法を実践している。展示室Ⅰは、富士講の信仰文化をテーマとし、祭壇・御三幅・御身抜など富士講の特色ある資料が展示されている。展示室Ⅱは郷土史の軌跡をテーマとして創建より伝えられた社宝、古文書類を展示している。

3. 刊行物

『神社報』：第1号～第35号
（平成14年4月1日～平成23年4月25日）

三嶋大社・宝物館

みしまたいしゃ・ほうもつかん

所　在　地：〒411-0035 三島市大宮町 2-1-5
電　　　話：055-975-0566
設　　　立：1930（昭和 5）年 3 月 15 日
建 築 面 積：886.75㎡
収 蔵 点 数：約 2,000 点
開　館　日：原則無休（9:00 ～ 16:30）
　　　　　　（但し、展示替による不定期休館あり）
入　館　料：一般 500 円・高校大学生 400 円
　　　　　　小中学生 300 円
そ　の　他：博物館相当施設
関連博物館：三島市郷土資料館

1. 設立経緯

　伊豆国一宮、三嶋大社は、古来三嶋大明神とされ、富士火山帯の根源の神、伊豆の国魂の神、国土造成開発の神として、尊崇されてきた。創建時期は不明であるが、奈良時代前半までにはその社壇が整えられたと考えられている。源頼朝が源氏再興を祈願したことは著名で、以後武家崇敬の社としても栄えた。

　宝物館は、昭和 5（1930）年に三嶋大社に伝わる宝物を一般に公開する施設として開館したが、老朽化を受け、全面改修を行い、平成 10（1998）年 4 月 1 日に現在の新宝物館が開館した。新宝物館は、本格的な収蔵庫・展示室を備え、文化財の保存や展示公開に適う施設として生まれ変わった。

2. 所蔵品と展示の概要

　三嶋大社の宝物を収蔵保存する他、宮司矢田部家所蔵の文化財を委託管理している。代表的な宝物は、国宝「梅蒔絵手箱」（伝北条政子奉納、現在東京国立博物館寄託）、重文「太刀名宗忠」（明治天皇奉納）、重文「紙本墨書般若心経」（源頼家筆）、重文「三嶋大社矢田部家文書」、重美「三嶋本日本書紀」など。一部を展示室にて公開している。

　展示室は 2 階部分にあり、神社通史スペース・特集展示スペース・国宝「梅蒔絵手箱」復元模造展示スペースに分かれ、歴史を伝える宝物類が列品されている。

3. 刊行物

　『図録 三嶋大社宝物館』

18. 新潟県

春日山神社・記念館
かすがやまじんじゃ・きねんかん

所　在　地：〒943-0802 上越市大豆174
電　　　話：025-525-4614
設　立　日：1969（昭和44）年6月1日
建 築 面 積：280㎡（木造2棟2階建て）
収 蔵 点 数：約2,300点
開　館　日：4月1日〜11月30日（9：30〜16：30）
　　　　　　冬季は要申し込み
入　館　料：一般200円・小中高生100円

1. 設立経緯

　上杉謙信公の居城であった春日山城跡の一角にある春日山神社は、明治40（1907）年に上杉伯爵家から伯爵家伝来の手沢品や宝物が奉納され、神宝として収蔵していた。その後、NHK大河ドラマ「天と地と」の放映を記念して、前述の奉納品を展示・公開することを目的として昭和44（1969）年に設立され現在に至っている。

2. 所蔵品と展示の概要

　上杉謙信公使用の阿字の打物・上杉家伝来の軍旗3点（毘の字、龍の字、紺地日の丸）・祈願文をはじめとした上杉家関連の宝物、上杉家家臣鮎川家奉納の甲冑等、高田藩士遺品、謙信公を題材とした浮世絵、春日山城跡・大手門跡出土の遺物（土器・陶器・瓦など）がある。

　また、同神社の創始者が童話作家小川未明の父であったことから多くの小川未明の遺品（原稿・色紙・短冊・雑誌・手紙等）を所蔵しており、それらの展示を行っている。

　さらに、春日山周辺の郷土民具も少数展示している。植物・昆虫標本も収蔵しているものの、展示は行っていない。

3. 刊行物

　リーフレット、出版物（記念館シリーズ2冊）

まえじまきねんかん
前島記念館

所　在　地：〒943-0119 上越市下池部神明替 1317-1
電　　　話：025-524-5550
設　立　日：1931（昭和6）年 11 月 7 日
　　　　　　（別館は 1981 年に
　　　　　　　開館 50 周年記念事業として新築）
建築面積：約 200㎡
収蔵点数：――
開　館　日：火曜日～日曜日（9:00～16:00）
　　　　　　※12 月 29 日～1 月 3 日除く
入　館　料：無料
そ　の　他：(財) 日本博物館協会加盟・入口にスロープ有り

1. 設立経緯

　昭和 5（1930）年、当時の前島記念池部郵便局長坂田増五郎氏と稲田郵便局長川崎真治氏が前島密の業績を顕彰し、その業績を永久に偲ぶ場所として記念館建設を提唱して集まった募金を基にして、前島密生誕地にあって所縁のある池部神社境内の隣接地に翌年完成した。

　記念館は建設発起人から上越三等局長会へ贈与され、同会が記念館維持運営に当たっていたが、昭和 12（1937）年に国に寄贈され、通信省ではこれを機に通信博物館の分館とした。また、昭和 56 年に開館 50 周年記念事業として別館が新築された。池部神社境内隣接地にあるが、神社とは当初から別組織である。平成 24（2012）年 4 月 1 日から公益財団法人通信文化協会が運営に当たっている。

2. 所蔵品と展示の概要

　日本の近代郵便を確立した前島密の生涯と業績を、絵画・直筆のノート・駅逓権正辞令類、当時の政治家である大久保利通や伊藤博文らとの交流の様子を示す手紙、前島の趣味の品々（書画・漢詩など）などを展示して紹介している。また、別館では、ジオラマによる前近代の通信の様相を紹介し、郵便制度を象徴するポストの変遷や通信機器（電話）の変遷をテーマとした実物展示がある。さらに、上越市の花やスキーを題材とした日本の切手、世界の珍品切手などがある。

3. 刊行物

　リーフレット、小学生向け解説シート、前島密業績絵画（絵画及び解説）

弥彦神社・宝物殿
<small>やひこじんじゃ・ほうもつでん</small>

所　在　地：〒959-0993 西蒲原郡弥彦村 2887-2
電　　　話：0256-94-2001
設　　　立：1968（昭和43）年5月14日
建 築 面 積：約 1,123㎡
収 蔵 点 数：約 1,000 点以上
開　館　日：原則無休（9：00 〜 16：00）
入　館　料：大人 300 円
　　　　　　高大生 200 円・小中生 100 円

1. 設立経緯
　明治 43（1910）年に同社が所蔵する品々を保管するために建立された宝物庫を昭和 43（1968）年に建て替える際に、新たに宝物殿として名を改めて、広く一般にその由緒ある品々を公開するため、設立された。また平成元（1989）年、歴代天皇肖像画及び奉掲室の奉納に伴い増築がされている。

2. 所蔵品及び展示の概要
　代表的な所蔵品として、志田大太刀（応永 22（1415）年国指定重要文化財）、大鉄鉢（嘉暦元（1326）年国指定重要文化財）、青磁香炉（南宋時代・国指定重要美術品）、九曜巴散双鶴鏡（室町時代・国指定重要美術品）、鏡鞍・壺鐙（新潟県指定文化財）、大太刀銘正吉（天保 14（1843）年新潟県指定文化財）、上杉輝虎祈願文（永禄 7（1564）年新潟県指定文化財）、伊夜比古神社記（元禄元（1688）年）、後醍醐天皇勅額（建武 2（1335）年）がある。また、絵画、彫刻を中心とした新潟県出身現代美術作家奉納品 50 余点が展示されている。さらに平成元(1989)年より天照大御神と歴代天皇肖像画の常設奉掲が行われている。

3. 刊行物
　リーフレット

19. 富山県

鹿嶋神社・朝日町宮崎自然博物館
かしまじんじゃ・あさひまちみやざきしぜんはくぶつかん

所　在　地：〒939-0703 下新川郡朝日町宮崎地内
電　　　話：0765-83-1100（朝日町教育委員会）
設　　　立：1952（昭和27）年4月1日
建 築 面 積：野外展示区域のため、
　　　　　　施設としての計測不可
収 蔵 点 数：国指定天然記念物の鹿嶋樹叢
開　館　日：常時開放・原則無休
入　館　料：無料
そ　の　他：登録博物館

1. 設立経緯
　歴史、芸術、民俗、産業、自然科学等に関する多種、多様の資料を有し、加えて風光秀麗で名産に富む館の全域は一般公衆の教養、調査研究、レクリエーション等に資する特異な存在であるが、史蹟、名勝、天然記念物その他の文化財を中心に博物館法による一大博物館の様相を備えているので、これを朝日町宮崎自然博物館と名称し保存愛護して一般の利用に供し以て教育学術文化の発展に寄与することを目的として設立された。

2. 所蔵品と展示の概要
①自然博物館入口、②脇子八幡宮の森、③小丸山公園グランド、④小川温泉、⑤馬鬣山、⑥泊焼工場、⑦笹川トンネル、⑧泊層、⑨笹川、⑩六郎山堰堤、⑪凝灰質集塊岩、⑫城山登り口、⑬谷の観察、⑭かけの小松、⑮笹川層、⑯菱山及び黒菱山断層崖、⑰杉の植林、⑱わしの平、⑲安山岩板状節理、⑳笹川部落岳遠望、㉑兵舎跡、㉒空堀、㉓城山頂上（史蹟宮崎城址指定）、㉔石畳及び礎石、㉕短波無線通信所定地、㉖宮崎部落を見下す、㉗宮崎鹿嶋樹叢（天然記念物指定）、㉘海浜の隆起海成層、㉙天神山古墳、㉚宮崎小学校標本陳列所、㉛瓦工場、㉜海浜植物、㉝常福寺古墳（史蹟）、㉞舟揚場、㉟宮崎遊泳場、㊱中の島、㊲宮崎鉱泉、㊳宮崎漁港、㊴鹿嶋神社（宮崎定範郷碑一里塚跡明治天皇御小休所趾）、㊵和倉宮崎境町松（史蹟指定）、㊶元屋敷、㊷芭蕉翁句碑、㊸九谷窯場跡、㊹三峯スキー場、㊺七重滝、㊻四倉谷地三層（朝日町宮崎自然博物館設置条例　昭和30年3月24日　条例第8号）

　以上のように宮崎自然博物館は人文系、自然系の両分野の資料を併せ持つ野外博物館である。人工を加えない大自然のままの状態を自然博物館として、昭和27（1952）年4月17日に登録博物館となり、鹿嶋神社宮司が学芸員資格を有して活動を行っていた。

19.富山県　富山縣護國神社・遺芳館

富山縣護國神社・遺芳館
とやまけんごこくじんじゃ・いほうかん

所　在　地：〒930-0077 富山市磯部町1-1
電　　　話：076-421-6957
設　　　立：1995（平成7）年
建 築 面 積：150㎡
収 蔵 点 数：約1,000点
開 館 日：原則無休（9:00～16:00）
入 館 料：無料

中部
富山県

1. 設立経緯
　富山縣護國神社は、富山県出身の明治維新から大東亜戦争までの戦歿英霊28,680柱をご祭神とする神社である。遺芳館は平成7（1995）年8月終戦50周年記念事業として、当時の英霊の戦跡とその精神を偲び慰霊と先人の尊さを伝えることを目的に設立された施設である。

2. 所蔵品と展示の概要
　展示室の平面形態は方形を呈する。展示ケースの構成は、入り口部を除く三方の壁面に壁ケースを設え、中央部には縦ケースとのぞきケースを設置している。壁ケースは木軸で床のフローリング材・格子天井と相俟って格調の高い展示空間となっている。
　展示法は提示型展示を基本としているが、当館の場合資料の性格から説示型展示よりも提示型展示の方が、見学者に訴える力がある展示法であると看取される。
　展示資料は、支那事変から大東亜戦争の間に残された遺書、遺墨、書簡、日記等を中心に軍用具、生活用具等々である。

3. 刊行物
『富山縣護國神社創建九十周年記念　遺芳録』
※音声ガイダンスあり

20. 石川県

白山比咩神社・宝物館
しらやまひめじんじゃ・ほうもつかん

所　在　地：〒920-2114 白山市三宮町二 105-1
電　　　話：076-272-0680
設　　　立：1980（昭和 55）年 9 月 15 日
建 築 面 積：812㎡
収 蔵 点 数：約 1,100 点
開　館　日：4月～11月（12月～3月は要予約）
入　館　料：一般 300 円・団体 200 円
　　　　　　高校生以下無料
そ の 他：登録博物館
　　　　　　（財）日本博物館協会加盟・車椅子の常備

1. 設立経緯

　白山を神体山として古い歴史と伝統をもち、全国白山神社約 3,000 社の総本宮、加賀一ノ宮の宝物を展示するために開設された。また昭和 61（1986）年と 62 年に國學院大學による白山山頂遺跡の発掘調査による出土遺物も併せて展示されている。宝物の一部は石川県立美術館に寄託されており、同館で管理と展示が行われている。

2. 所蔵品と展示の概要

　国宝「剣銘吉光」、重要文化財「太刀銘備前国長船住長光」、「木造狛犬」、「木造獅子狛犬」、「牡丹文黒漆螺鈿鞍」、「鳳凰文沈金彫手筥」、『神皇正統記』、『白山縁起』『三宮古記』『白山宮荘厳講中記録』、「絹本著色白山三社神像」、県指定文化財「太刀銘兼巻」、「太刀銘行光」、「十口の剣」など多数。

3. 刊行物

　『図説白山信仰』、『白山信仰史年表』、『白山比咩神社古文書目録』、『白山万句』、『社報』

須須神社・宝物殿
すずじんじゃ・ほうもつでん

所　在　地：〒 927-1451 珠洲市三崎町寺家 4-2
電　　　話：0768-88-2772
設　　　立：1970（昭和 45）年
建 築 面 積：約 50㎡（鉄筋建築・高床平屋建て）
収 蔵 点 数：約 100 余点
開　館　日：要予約
入　館　料：大人 300 円・小中学生無料

1. 設立経緯
従来、本殿に安置していた国指定重要文化財指定の男神像五体、その他文化財の保存を鑑み、宝物殿建設計画が持ち上がり、昭和 45（1970）年に国や県・市などが建設費を負担し設立された。

2. 所蔵品と展示の概要
主な所蔵品として重文指定の木造男神像五体をはじめ、古陶珠洲焼の扇面、能登国司庁宣などの古文書が 70 数点ある。なかでも義経が海難を救われたことにちなんで奉納した「蝉折の笛」や、武蔵坊弁慶が寄進したとされる「左」名入りの守刀があるなど義経ゆかりの品々が展示されている。

本折日吉神社・山王宮宝物殿

所　在　地：〒923-0957 小松市本折町1
電　　　話：0761-22-0163
設　　　立：1975（昭和50）年
建 築 面 積：――
開　館　日：見学希望時に開館
　　　　　　事前予約要（9:00～16:00）
　　　　　　開館時間については予約時に応相談
入　館　料：無料
そ　の　他：写真撮影可

1. 設立経緯

　本折日吉神社は小松市のほぼ中央に鎮座し、約800年の歴史を誇る神社である。加賀藩二代藩主の前田利常は当社を祈願所となし、小松・能美地域の総社と定めたとされる。また松尾芭蕉ゆかりの社であり、「しほらしき名や小松吹く萩薄」の句碑が建てられている。宝物殿は当社がお旅祭りのために所蔵する六角神殿の神輿を保管、展示することを主な目的として設立された。

2. 所蔵品と展示の概要

　市指定文化財として六角神殿の神輿、狩野永寿作大森彦七と千早姫の吉野渡川の絵馬が保存・展示されている。また、松尾芭蕉にちなんだ掛け軸や肖像画、その他多数の絵馬なども所蔵されている。

21. 福井県

劔神社・宝物殿
<small>つるぎじんじゃ・ほうもつでん</small>

所　在　地：〒916-0215 丹生郡越前町織田113-1
電　　　話：0778-36-0404
設　　　立：1969（昭和44）年12月
建 築 面 積：27.5㎡（鉄筋建築・1階建て）
収 蔵 点 数：約60点以上
開　館　日：原則無休
　　　　　　（雨天・積雪時は閉館 9：00～16：00）
入　館　料：300円（拝観料として）、社務所にて受付
そ　の　他：博物館類似施設・福井県博物館協議会加盟

1. 設立経緯

梵鐘が昭和31（1956）年に国宝に指定され、他にも大正3（1914）年に重要文化財に指定された貴重資料が境内の土蔵で保存されていた。昭和44年文化財保護委員会の仲介により国庫補助、県費補助を受け梵鐘（国宝）や神社所有の品を保存管理する目的で宝物殿を建設、開館した。

2. 所蔵品と展示の概要

代表的所蔵資料として梵鐘（「神護景雲4（770）年九月十一日」奈良時代（国宝））・絹本著色釈迦八相涅槃図附紙本墨書涅槃講式（断簡）1巻（※奈良国立博物館に寄託中。鎌倉時代中期（重要文化財））・藤原信昌・将広父子置文（明徳4（1393）年・朝倉氏五代・織田信長・徳川家康・柴田勝家関連文書などがある。考古資料も展示されている。館内は総木張りで、収蔵庫展示とハイケースによる展示が組み合わせられている。国宝の梵鐘は館内に入ってすぐ中央に吊り下げられており、銘文や撞座などを間近で見ることができる。展示品、収蔵品の全体としては紙資料が多く、他に蕎麦鉢や武器など神社の特性、地域性を表す資料も展示されている。なお、古文書の一部については、越前町立織田文化歴史館にて常設展示中である。

3. 刊行物

『劔神社の文化財』、『越前国二の宮劔神社の歴史』

八幡神社・敦賀郷土博物館
はちまんじんじゃ・つるがきょうどはくぶつかん

所　在　地：〒914-0058
　　　　　　敦賀市三島町1-3-3 八幡神社内
電　　　話：0770-22-1193
設　　　立：1950（昭和25）年10月
建 築 面 積：221.5㎡（鉄筋建築・2階建て）
収 蔵 点 数：約3,000点
開　館　日：原則無休（9：00～16：00）
入　館　料：大人200円・大学生150円
　　　　　　高校生100円・小中学生50円
　　　　　　その他：博物館相当施設

1. 設立経緯

　八幡神社宮司であった石井左近氏が、長年かけて数多く収集した、敦賀市内から出土した埋蔵文化財や江戸時代の日本画、北前船の資料、民俗資料など敦賀ゆかりの資料を、広く一般の方々に郷土敦賀を知ってもらう目的のため、博物館が設立された。学芸員は無く、神職が運営担当されている。

2. 所蔵品と展示の概要

　代表的所蔵資料として向出山古墳出土品の鉄地金銅装眉庇付冑、頚甲鉄地金銅装頚甲、四神四獣鏡、剣、刀他（古墳時代中期（敦賀市指定考古資料））・深山寺経塚出土品（平安時代後期（（敦賀市指定考古資料））・旧鞠山藩領巨細書（江戸時代末期～明治時代初期（敦賀市指定歴史資料））・紙本著色架鷹図六曲屏風初代橋本長兵衛筆（江戸時代（敦賀市指定絵画））などがある。なお、八幡神社所蔵品として、福井県指定工芸品の日本刀外装（※本拵は天正元（1573）年、織田信長が朝倉攻めに際し、八幡神社に寄進したものと伝えられる。室町時代）がある。

　また、歴史・民俗資料以外に、動植物や地学資料なども収集されている。

福井県護国神社・遺品館（秀芳館）

ふくいけんごこくじんじゃ・いひんかん（しゅうほうかん）

所　在　地：〒910-0016 福井市大宮2丁目13-8
電　　　話：0766-22-5872
設　　　立：1970（昭和45）年8月15日
建 築 面 積：──
収 蔵 点 数：約2,000点
開　館　日：原則無休（事前予約制）
入　館　料：無料

1. 設立経緯

福井県護国神社は福井県大宮の地に鎮座し、第二次世界大戦終戦までに戦没した32,000余柱を祭神として、昭和16（1941）年に創建された神社である。遺品館（秀芳館）は、遺族が中心となって遺品を蒐集し、展示に供したものである。過去には昭和天皇も来館し、現在でも毎年遺族会が秀芳館を訪れ会合を開いている。戦時下の資料を多数所蔵しているため、社会科見学の一環で訪れる学生団体も多い。

2. 所蔵品と展示の概要

展示品の殆どが祭神の遺品で占められている。主に手記や鏡、当時の写真や軍装品が展示されている。また当時の戦闘記録やその様子がわかる書物も多く収蔵し、戦中期研究の参考となるものである。また重要美術品として「東郷平八郎指揮図」や東郷平八郎着用の軍服なども展示されている。

平泉寺白山神社・宝物館
へいせんじはくさんじんじゃ・ほうもつかん

所　在　地：〒911-0822　勝山市平泉寺56-63
電　　　話：0779-88-1591
設　　　立：1958（昭和33）年4月
建 築 面 積：――（鉄筋建築1階）
収 蔵 点 数：――
開　館　日：見学希望時に随時開館
入　館　料：無料

1. 設立経緯

　平泉寺白山神社は、養老元（717）年泰澄によってひらかれたとされる。「神仏判然令」布告以前の平泉寺白山神社は、白山平泉寺と呼ばれ、比叡山延暦寺の影響下にあり、且つ越前における白山信仰の拠点として、神仏習合による霊場として栄え、一帯に宿坊や僧兵を数多く抱える巨大な宗教組織を展開していたことが知られている。

　宝物館は上記の歴史的背景のもと展開されていった白山信仰に基づく平泉寺白山神社の歴史的資料を後世まで伝えると共に、氏子崇敬者の知識の涵養と神道教化に基づく社会事業の一環として大正15（1926）年、開山堂を移転した場所に木造2階建の宝物館が設立される。その後、昭和33（1958）年に現在の場所に宝物館が建設された。

2. 所蔵品と展示の概要

　近代以前は仏教の影響が強く、展示物にも神社の歴史的性格が喚起されるものとなっている。所蔵品は、白山天嶺并境内絵図（元禄時代写し）・聖徳太子絵伝（室町時代）・朝倉義景安堵状文書（永禄5（1562）年・豊臣秀吉公禁制文書（天正10（1582）年）・松平秀康公寄進状文書（慶長6（1601）年）・刀剣類など、平泉寺白山神社の歴史に関連する資料や、「後水尾天皇書画」など貴重な歴史資料が数多くあり、展示されている。

22. 愛知県

熱田神宮・宝物館

所　在　地：〒456-8585 名古屋市熱田区神宮1-1-1
電　　　話：052-671-0852
設　　　立：1966（昭和41）年12月8日
建 築 面 積：1735.7㎡（校倉風鉄筋建築・2階建）
収 蔵 点 数：6607点
開　館　日：毎月最終水曜日とその翌日休館
　　　　　　12月24日から31日
　　　　　　その他2月ごろ休館（収蔵庫燻蒸の為）
入　館　料：一般300円・小中学生150円（特別展・企画展は別途）
そ　の　他：登録博物館（昭和43年11月11日）（財）日本博物館協会加盟

1. 設立経緯

　熱田神宮宝物館は、校倉風鉄筋コンクリート造の建物で、昭和41（1966）年5月に竣工、同年12月に開館した。昭和43年には博物館法による歴史博物館として登録、平成8（1996）年には重要文化財の所有者等以外の者による公開に係る施設として承認を受け、宗教法人が設立した意欲的な博物館の代表例である。宝物館設置の目的は、神社の崇敬者などに対して、神道の伝播・布教・伝導という、広い領域での活動を実践している。

2. 所蔵品と展示の概要

　展示品は、皇室をはじめ歴代の為政者・尾張藩・一般庶民に及ぶ広い層から寄進された約6,000点の資料が収蔵・公開されており、なかでも刀剣・和鏡・古文書・仮面・什器類等に貴重なものが多く、国宝を含む重要文化財・県指定文化財は現在77件176点にも及んでいる。また、熱田神宮には草薙神剣を奉斎する由縁から、名刀の宝庫としても知られている。平常展は資料の内容性質によって、一ヶ月毎に展示替えを行っている。また、年2回東海地区と神道美術に関するテーマで企画展・特別展を開催している。

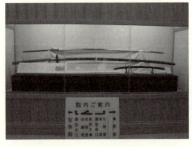

3. 刊行物

　リーフレット、『宝物館だより』を隔月毎に発行、図録等各種出版物

真清田神社・宝物館
ますみだじんじゃ・ほうもつかん

所　在　地：〒491-0043 一宮市真清田 1-2-1
電　　　話：0586-73-5196
設　　　立：1989（平成元）年 5 月 12 日
建 築 面 積：327.9㎡（鉄筋建築・2 階建）
収 蔵 点 数：──
開　館　日：（事前予約制）（9:00 ～ 15:00）
入　館　料：一般 200 円
　　　　　　大高校生 150 円・小中学生 100 円

1. 設立経緯
　真清田神社宝物館は、神社活動を主とした数々の行事をはじめ、本格的神前挙式が行われる結婚式場である参集殿の建築に伴い、重要文化財、県・市指定文化財に合わせて、一時神社から流出した神宝を収集・保存することを目的として建設され、平成元（1989）年 5 月に開館した。

2. 所蔵品と展示の概要
　建物は 2 階建てで、1 階には神社の例祭である桃花祭に、氏子区域から引き出される馬に乗せる馬道具（駄志）28 基を展示している。馬道具の様式は一様に二本の祓い串を両脇に配し、中央に真清田神社の神号や神話、伝承、昔話から題材をとった人形が配されている。制作年代は天保 13（1842）年のものから明治、大正、昭和のものまで広く分かれている。戦前には 80 基近く保有していたが戦災にあって焼失しており、残っている馬道具は貴重なものである。
　2 階には神社の社宝を展示している。現在、舞楽面 12 面（陵王、崑崙八仙、貴徳）、御膳台盤が角切 8 枚、足付膳入角 5 枚、足付膳 7 枚の計 20 枚、神饌を供える時に使用した御膳銅皿の大皿 3 枚と小皿 22 枚が重要文化財に指定されている。

3. 刊行物
　リーフレット『宝物館だより』

23. 岐阜県

高賀神社・宝物殿
（こうかじんじゃ・ほうもつでん）

所　在　地：〒501-2806 関市洞戸高賀
電　　　話：0581-58-2295
設　　　立：——
建 築 面 積：——
収 蔵 点 数：——
開　館　日：月曜日以外（8：00〜16：30）
入　館　料：無料
そ　の　他：写真撮影可

1. 設立経緯

高賀神社所蔵の資料を保管・展示する施設。

修験者でもあった円空上人は三度も高賀の里を訪れ、晩年から入定するまでは高賀で過ごしたことから、全国で現存する5,000体あまりの円空仏のうち、虚空蔵菩薩、十一面観音、狛犬、歓喜天、円空歌集等、他には見られない傑作した作品が多い。高賀神社伝来円空作仏像群として岐阜県の重要文化財の指定を受け、平成7（1995）年設立の洞戸円空記念館に移転保管され、一般公開している。

2. 所蔵品と展示の概要

主な展示品としては、県指定重要文化財の大日如来坐像（平安末期、伝行基作）がある。その他、聖観音坐像（天治元（1124）年）・蓮華峯寺（蓮草峯寺）仏像群28躯・僧形立像（平安後期）・掛仏280面・大般若経502巻（12〜13世紀）・高賀宮記録等が所蔵されている。

3. 刊行物

『岐阜県高賀山の信仰と造形』成城大学仏像調査団、1999年

関市洞戸円空記念館

所　在　地：〒501-2806 関市洞戸高賀1212番地
電　　　話：0581-58-2814
設　　　立：1995（平成7）年7月7日
建 築 面 積：──
収 蔵 点 数：──
開　館　日：月曜日
　　　　　　年末年始（12月29日～1月3日）以外
　　　　　　開館（その他の休館日は要確認）
　　　　　　（9：00～17：00）
入　館　料：一般（高大生含）200円・中学生以下無料

1. 設立経緯

　修験者でもあった円空上人は三度も高賀の里を訪れ、晩年から入定するまでは高賀で過ごしたことから、全国で現存する5,000体あまりの円空仏のうち、虚空蔵菩薩、十一面観音、狛犬、歓喜天、円空歌集等、他には見られない傑作した作品が多い。高賀神社伝来円空作仏像群として岐阜県の重要文化財の指定を受け、平成7（1995）年設立の洞戸円空記念館に移転保管され、一般公開している。
　円空が入定の決意を固めて彫ったと言われる仏像など30体を展示。円空と高賀の深い縁を示す展示館である。

2. 所蔵品と展示の概要

　県指定文化財として十一面観音・善女龍王・虚空蔵菩薩像・善財童子・狛犬（円空上人作）が所蔵されている。

千代保稲荷神社・温故集成館
ちょぼいなりじんじゃ・おんこしゅうせいかん

所　在　地：〒503-0312 海津市平田町三郷1980
電　　　話：0584-66-4341
設　　　立：1997（平成9）年10月
建 築 面 積：約530㎡（鉄筋地上2階地下1階）
収 蔵 点 数：約3,500点
開　館　日：火～木・土・日・祝日（9:30～16:30）
入　館　料：無料

1. 設立経緯
　独立した建物を有し、専任学芸員（神職と兼務しない）を配置している点を最大の特徴とする。先々代宮司森淳一氏・先代宮司森三郎氏・現宮司森健氏の三代に亙る収集品を参拝者の美術的啓蒙を目的として、無料で公開している。宗教法人法の改革を契機に設立したものである。

2. 所蔵品と展示の概要
　典型的な美術館である。狩野探幽、円山応挙、川合玉堂等々の画や、美濃は美濃焼の歴史的特質を有する地であるが故に全国の古陶磁をはじめ、中国・韓国・安南（ベトナム）・タイ国等の中世以来日本人が賞賛した陶磁を収集している。
　通常美術館に認められるように、常設展示は持たず、年に3～4回の展示の更新を3,500余点に及ぶ収蔵資料の中から行っている。神社博物館としては、一つの完成された姿であると看取される。

長滝白山神社・白山文化博物館

ながたきはくさんじんじゃ・はくさんぶんかはくぶつかん

所　在　地：〒501-5104 郡上市白鳥町長滝402
電　　　話：0575-85-2663
設　　　立：1997（平成9）年
建 築 面 積：6,000㎡
収 蔵 点 数：約2,700点
開　館　日：火曜日・年末年始以外
　　　　　　（9：00～16：00）
入　館　料：一般（高大生含）500円
　　　　　　小中学生300円

1. 設立経緯

　白山長滝神社境内地に所在する瀧宝殿の収蔵資料の保存・管理について、資料の劣化等により従来の施設・設備では対応が困難となったことにより、白山文化博物館が設立された。瀧宝殿の資料を神社・寺・行政（郡上市）の3法人の了承を得ながら、虫害等の資料の修復を行い、一般公開している。収蔵及び展示資料は神社と寺の両資料から構成され、施設は郡上市が管理している。また、白山文化の基地となる施設として、行政の理解を得て公園化を図り、道の駅が隣接している。

2. 所蔵品と展示の概要

　国重要文化財として正和の壺（若宮修古館蔵）・古瀬戸黄釉瓶子・古楽面・狩衣・銅製仏餉鉢（長滝神社蔵）・宋版一切経（長瀧寺蔵）を、県指定重要文化財として木造沙弥行兼像（長瀧寺蔵）、市指定重要文化財として泰澄画像（江戸時代）を所蔵している。

　テーマ展示室は白山山頂のオブジェと300インチの大型映像による白山登山のシミュレーションコーナーがある。インフォメーションプラザは写真パネル、情報探索コーナー等による展示となっており、文化財展示室には重要文化財をはじめとする美濃馬場を中心とした資料を展示し、年数回の展示替えを行なっている。歴史民俗展示室・ふるさと生活展示室では民具等の資料を展示している。ミュージアムショップも展開している。

長滝白山神社・瀧宝殿
ながたきはくさんじんじゃ・りゅうほうでん

所　在　地：〒501-5104 郡上市白鳥町長滝402
電　　　話：0575-85-2023
設　　　立：1962（昭和37）年
建 築 面 積：──
収 蔵 点 数：──
開　館　日：火曜日・年末年始以外
　　　　　　（12月中旬から3月中旬は休館）
入　館　料：大人500円・小中学生200円

1. 設立経緯

石川の白山比咩神社、福井の平泉寺白山神社と並び白山神社の御三家として数えられ、境内には白山中宮長瀧寺がある。荘厳な伽藍殿堂が林立し、明治維新の神仏分離政策により長滝白山神社と白山中宮長瀧寺に分けられる。明治32（1899年）年の火災によって堂社の殆どが消失してしまう惨事に見舞われたが、幸いにも持ち出された数多くの宝物が残された。その宝物の多くは白山文化博物館に保管されており、その分館的役割を持って瀧宝殿は建築された。

2. 収蔵品と展示の概要

代表的展示資料としてあげられるのは、国重要文化財として指定されている木造釈迦三尊像と木造四天王立像である。木造釈迦三尊像は三尊一具の像で、玉眼、金泥彩が施されている。服装や印相などから、中国宋代の影響を受けた仏像である。鎌倉時代後期の作である。木造四天王立像は多聞天、広目天、持国天、増長天の四像。寄木造り、玉眼、着衣に施された多様な文様は南都絵仏師による。鎌倉時代後期の作。その他白山文化博物館に、国重要文化財能面23面をはじめとした所蔵資料が随時公開されている。

長滝白山神社・若宮修古館

所　在　地：〒501-5104 郡上市白鳥町長滝402
電　　　話：0575-85-2023
設　　　立：1967（昭和42）年
建 築 面 積：200㎡
収 蔵 点 数：約2,000余点
開　館　日：原則無休
　　　　　　（但し臨時休館あり・9:00～17:00）
入　館　料：一般（高大生含）400円・小中学生200円
　　　　　　（団体30名以上割引）

---

1. 設立経緯

　白山長滝神社に関連する博物館施設は、若宮修古館・瀧宝殿・白山文化博物館があるが、いずれも神社付属の施設ではない。白山長滝神社には、かつて宝物庫があり神社の宝物を納めていたが、40年程前に国の援助を得て、境内地に瀧宝殿を建設。また、200年の歴史を有する神主家の若宮家住宅（県指定文化財）には調度品等多くの歴史資料が残り、先代が強く観光地化を願ったことも相俟って、社務所的な役割も兼ねて、昭和42（1967）年から若宮家住宅の一般公開を始めた。

　白山長滝神社の神主家である若宮家住宅は天明5（1785）年築の歴史ある建築物で、白山文化・郡上の歴史を伝える美術工芸資料、民俗資料が展示されている。

　若宮家住宅は昭和38（1963）年に県指定文化財に指定され、同年増改築を行ない、主に増改築部を展示施設としている。

2. 所蔵品と展示の概要

　重要文化財として香時計（室町時代）・朱根来平鉢（鎌倉時代）があり、県指定文化財として若宮家住宅が指定されている。その他、普請帳、機織り具、壺（白山信仰関連）、漆器、掛軸、雛人形、着物等が展示されている。

3. その他

　敷地には、天明5年建築の母屋の他に、明治末期の建築物で谷崎潤一郎の「細雪」の舞台となった『爛柯亭』が保存され、谷崎の書簡、色紙等も残る。

飛騨護国神社・遺品館
<small>ひだごこくじんじゃ・いひんかん</small>

所　在　地：〒506-0837 高山市堀端町 90
電　　　話：0577-32-0274
設　　　立：1980（昭和 55）年
建 築 面 積：40㎡
収 蔵 点 数：約 200 点
開　館　日：見学を希望する時に開館
入　館　料：無料
そ　の　他：館内写真撮影可

1. 設立経緯

　飛騨護国神社は、明治12（1879）年に神道事務局の分局と神宮教中教院が高山城址に創設された際に同地に建設された講堂を明治42年に招魂社創設の為に譲渡され、本地に鎮座したのをはじまりとする。

　飛騨護国神社遺品館は、祭神である飛騨高山にゆかりのある英霊の遺徳を偲び、広く一般に戦争資料を見学できる場所を設立することを目的として、昭和55（1980）年に開館された。なお、飛騨護国神社禰宜田中宏氏によると、以前は常時開館していたが、いたずらが頻繁となったことにより、現在のように、見学を希望する時に開けるようになったとのことである。

2. 所蔵品と展示の概要

　主として戦争資料を展示している。祭神が戦地として赴いたテニアン島関連資料や、地元の戦友会や遺族から持ち寄られた資料が大半を占める。一例を挙げると、航空機の座席や九四式3号甲（型）無線通信機・衛生兵の使用した器具や、砲弾・軍服等などの軍装品などがある。

星宮神社・生活資料館

所　在　地：〒501-4102 郡上市美並町高砂
電　　　話：0575-79-3440
設　　　立：平成2（1990）年3月20日
建 築 面 積：211㎡
収 蔵 点 数：──
開　館　日：月曜日
　　　　　　年末年始（12月27日～1月4日）以外
　　　　　　（10：00～16：00）
入　館　料：一般（大・高校生含）400円・小中学生200円
　　　　　　※美並ふるさと館と共通
そ　の　他：写真撮影可

1. 設立経緯

円空のふるさとと言われる美並町に、星宮神社に隣接して「円空ふるさと館」と「生活資料館」が設立された。両館は同じ建物の中で分割して展示を行なっている。施設は郡上市の管理で、職員は神主が兼務している。

2. 所蔵品と展示の概要

1階は原木から木地椀が出来るまで・農家の再現展示・美並村の筏流し等のテーマ展示。2階は苅安駅情景復元展示・蚕の一生・養蚕、織物・美並村の文化財・特別展。

3. 刊行物

『手作り資料館』円空のふるさと奥美濃美並村、美並村資料委員会編集、牧野出版、1992年

中部　岐阜県

23. 岐阜県　星宮神社・美並ふるさと館

星宮神社・美並ふるさと館
ほしのみやじんじゃ・みなみふるさとかん

所　在　地：〒501-4103 郡上市美並町高砂
電　　　話：0575-79-3440
設　　　立：1988（昭和63）年3月20日
建築面積：295㎡
収蔵点数：約95点
開　館　日：月曜日
　　　　　　年末年始（12月27日～1月4日）以外
　　　　　　（10：00～16：00）
入　館　料：一般（大・高校生含）400円・小中学生200円
　　　　　　※美並生活資料館と共通
そ　の　他：写真撮影可

1. 設立経緯
　円空のふるさとと言われる美並町に、星宮神社に隣接して「円空ふるさと館」と「生活資料館」が設立された。両館は同じ建物の中で分割して展示を行なっている。施設は郡上市の管理で、職員は神主が兼務している。

2. 所蔵品と展示の概要
　初期から晩年期にかけて彫られた円空仏約95体を展示するほか、円空上人の生涯を写真やパネルで展示している。
　主な所蔵品として、七仏薬師一印秘法・大般若経末尾添書・十一面観音菩薩・円空仏拝観神像・不動明王庚申等がある。

3. 刊行物
　『手作り資料館』円空のふるさと奥美濃美並村、美並村資料委員会編集、牧野出版、1992年

24. 三重県

伊勢神宮・式年遷宮記念神宮美術館
（いせじんぐう・しきねんせんぐうきねんじんぐうびじゅつかん）

所　在　地：〒516-0016 伊勢市神田久志本町1754-1
電　　　話：0596-22-5533
設　　　立：1993（平成5）年10月1日
建 築 面 積：3,026㎡
収 蔵 点 数：──
開　館　日：月曜日（祝日の場合は翌日）
　　　　　　年末3日間以外
入　館　料：大人500円
　　　　　　高校大学生300円・小中学生200円
　　　　　　その他：登録博物館（平成5年9月8日）
　　　　　　㈶日本博物館協会加盟

1. 設立経緯
　かつては貴重な典籍類等の献納が多かった神宮も、時を経るにしたがい美術工芸品等がその数を増すようになった。とくに20年に一度の神宮式年遷宮を契機に、当代最高の芸術家たちが奉賛で自身の作品を献納する機運が次第に高まってきた。このような歴史的機運を享け、献納された美術品の数々を一堂に展観し、我が国の文化芸術の精華を遷宮の歴史と共に永く後世に伝えていこうという構想が立ち上がり、第61回神宮式年遷宮を記念して創設された。日本芸術院会員の大江宏の設計になる建物は、日本の伝統的な建築様式をふまえた神宮の美術館にふさわしい自然との調和に配慮した現代建築である。

2. 所蔵品と展示の概要
　文化勲章受章者・文化功労者・日本藝術院会員・重要無形文化財保持者等の現代を代表する美術・工芸家から神宮に奉納された美術品を展示。絵画は日展・院展・二科会など諸会派を越えた錚々たる顔ぶれ、書は豪壮な筆使いの作品・繊細な仮名文字・緻密な篆刻など作家の個性が表われた様々な作品を鑑賞することができる。また工芸は伝統技術の伝承と芸術性の高みを極めた現代の名匠たちの競演が見られ、調塑では諸大家の作品に間近でふれることができる。

3. 刊行物
　リーフレット、図録・目録など各種出版物

伊勢神宮・神宮徴古館
<small>いせじんぐう・じんぐうちょうこかん</small>

所　在　地：〒516-0016 伊勢市神田久志本町1754-1
電　　　話：0596-22-1700
設　　　立：1909（明治42）年9月29日
建 築 面 積：本館810㎡、新館1,224㎡
収 蔵 点 数：約1,400点
開　館　日：月曜日（祝日の場合は翌日）
　　　　　　年末3日間以外開館
入　館　料：農業館共通大人300円
　　　　　　高校大学生150円・小中学生100円
そ　の　他：登録博物館（昭和32年5月）
　　　　　　㈶日本博物館協会加盟・車椅子用スロープあり

1. 設立経緯

　伊勢神宮の「歴史と文化の総合博物館」として、「神苑会」（神苑の清浄と美観を守ると共に、博物館等の文化施設を開設するために発足した団体）の企画により、明治42（1909）年9月29日に日本最初の私立博物館として創設。ルネッサンス様式の建物は、当時宮廷建築の第一人者であった片山東熊の設計によるもの。明治44年には神宮に移管され、「お伊勢さんの博物館」として親しまれたが、昭和20（1945）年の戦災によって建物と収蔵品の大部分を焼失。昭和28年の第59回神宮式年遷宮を記念して、外壁はそのままに2階建てに改装された。

2. 所蔵品と展示の概要

　重要文化財「伊勢新名所絵歌合（下巻）」・「地球儀」（渋川春海作）・「皮製航海図（アジア航海図）」・「金銅透彫金具」・「毛抜形太刀」・「脇指　折返銘」（有國作）など神話で語られる神々や伊勢の地に鎮座した経緯を紹介するほか、神宮の祭りや歴史と文化に関する資料を中心に収蔵・展示をしている。具体的には内宮正宮の精密な模型や、20年に一度行われる式年遷宮の御料である神宝類（撤下品）など、ここでしか見ることのできない展示品に加え、絵画・書蹟・工芸・考古・民俗といった多彩な収蔵資料なかから、時季やテーマにあわせた展示品を見ることができる。

3. 刊行物

　リーフレット、図録・目録など各種出版物

4. その他

　農業館と共に明治時代の建築物の代表的遺構として、平成10（1998）年に国の登録有形文化財に指定された。

伊勢神宮・神宮農業館
いせじんぐう・じんぐうのうぎょうかん

所　在　地：〒 516-0016 伊勢市神田久志本町 1754-1
電　　　話：0596-22-1700
設　　　立：1891（明治 24）年
建 築 面 積：445㎡（木造）
収 蔵 点 数：約 4,300 点
開　館　日：月曜日（祝日の場合は翌日）
　　　　　　年末 3 日間以外
入　館　料：徴古館共通大人 300 円
　　　　　　高校大学生 150 円・小中学生 100 円
そ　の　他：登録博物館（昭和 24 年 5 月 28 日）
　　　　　　㈶日本博物館協会加盟・車椅子用スロープあり

1. 設立経緯
　皇祖天照大御神と産業の守護神豊受大御神の神徳を広めるため、「自然の産物がいかに役立つか」を伝えようと日本最古の産業博物館として、明治 24（1891）年神苑会が外宮前に創設。明治 38 年に倉山田に移転増築し、明治 44 年に徴古館と共に神宮に移管される。その後平成元年までは現在の神宮美術館がある場所に設置されていたが、建物の老朽化に伴いこれを解体。平成 8 年には近隣に改めて一部を縮小復元したものを再設し、今にいたる。ちなみに平等院鳳凰堂をイメージしたという和洋折衷様式の建物は、徴古館と同じく片山東熊の設計によるもので、彼の数少ない木造建築である。

2. 所蔵品と展示の概要
　上記したように「自然の産物がいかに役立つか」をテーマに、神宮の神嘗祭に関わる天皇奉納の稲束や生糸・繭などの皇室下賜品、神饌の調製所である神宮の御料地に関する資料や、農業・林業・水産業・繊維業に関する資料ほか、「日本の博覧会や博物館の生みの親」と呼ばれた物産学者田中芳男のコレクションなどを収蔵・展示している。

3. 刊行物
　リーフレット、図録・目録など各種出版物

4. その他
　徴古館と共に明治時代の建築物の代表的遺構として、平成 10 年に国の登録有形文化財に指定された。

お伊勢まいり資料館
おいせまいりしりょうかん

所　在　地：〒516-0026 伊勢市宇治浦田 1-15-20
電　　　話：0596-24-5353
設　　　立：1976（昭和51）年 4月 1日
建 築 面 積：約 180㎡（展示面積）
収 蔵 点 数：和紙人形約 2,800 体
　　　　　　民具類・書籍など約 50 点
開　館　日：火曜日（祝日を除く）以外
　　　　　　12/31 ～ 1/3 以外
入　館　料：大人 300 円・中高大学生及び 60 歳以上 100 円
　　　　　　小学生以下無料

1. 設立経緯
　「お伊勢参り」をテーマにした民間の資料館を設立して欲しいという要望に応え、昭和 49 ～ 50（1974 ～ 1975）年の当時（株）浜幸パールの社長で伊勢郷土史研究会の会員でもあった初代館長が、伊勢市教育委員会から推薦をもらい、自身の会社の 2 階部分を展示室にして開館。はじめは地元の小学生の社会科見学などに活用されていたが、やがてその世代が成人すると彼らやタクシーの運転手の口コミから、次第に地元の一般の人々や観光客を対象にするようになった。現在は開館に尽力した伊勢郷土史研究会の会員の大部分が鬼籍に入ったため、とくに展示以外の目立った活動は行わず、現状維持という形を取っている。

2. 所蔵品と展示の概要
　江戸時代に全盛を極めたご連中さんの旅姿「おかげまいり」・「参宮道中」など昔の民俗文化を、和紙人形を主軸にパノラマ式で再現。例えば「伊勢への道」では参拝者で活気溢れていた祓川や宮川の様子が、「斎王群行」では斎宮一行が伊勢の斎王宮に下向する様子が、さらに「備前屋」では五大遊里のひとつとして賑わいをみせた古市の大桜の様子が、何千体もの人形によって生き生きと再現されており、一生に一度の「お伊勢参り」として当時の人々を惹きつけた、伊勢神宮とその周辺地域のかつての盛況ぶりを偲ばせる展示となっている。

3. 刊行物
　リーフレット

4. その他
　管理者：伊勢郷土史研究会運営委員会
　年間入館者数：約 6000 人

25. 滋賀県

油日神社・甲賀歴史民俗資料館
あぶらひじんじゃ・こうかれきしみんぞくしりょうかん

所　在　地：〒520-3413 甲賀市甲賀町油日1042
電　　　話：0748-88-2106
設　　　立：1980（昭和55）年
建　築　面　積：約50㎡（鉄筋建築・平屋建て）
収　蔵　点　数：約5,000点
開　館　日：要予約
入　館　料：大人200円・大学生以下100円
関連博物館：くすりの学習館

1. 設立経緯
　油日神社境内にあった古木の杉の木三本を危険木として伐採し、売却した際に得た代金の使用用途として所蔵資料の保存庫建設案が浮上した。境内地内に保存庫を建設することは前宮司の念願でもあり、昭和55（1980）年に甲賀町・滋賀県・国の国庫補助金等の助成を受けて開館に至った。
　資料館の運営管理は、自治体ではなく神社の宮司が兼任して行っている。

2. 所蔵品と展示の概要
　甲賀の地ゆかりの甲賀武士（忍者）に関する貴重な資料とともに、神社が継承する古来の祭具などが収められている。
　油日の地名と祭神の油日神の名は国内では他に見当たらず、当地においてのみ信仰を集めてきた土地神と思われる。しかし、その歴史は非常に古く、平安時代の国史『日本三代実録』に油日神の名を見ることができる。同地は古来より干ばつに悩まされ、雨乞いやそれに対する返礼の祭りが盛んであったが、雨乞いの踊り「油日の太鼓踊り」は昭和48年に国選択無形文化財に指定され、その祭装束を館内で見ることができる。

25. 滋賀県　近江神宮・時計館宝物館

近江神宮・時計館宝物館
おうみじんぐう・とけいかんほうもつかん

所　在　地：〒520-0015 大津市神宮町1-1
電　　　話：077-522-3725
設　　　立：1963（昭和38）年
建 築 面 積：約400㎡（入母屋造2階建て）
収 蔵 点 数：約3,500点
開　館　日：月曜（祝祭日は翌日）以外（9:30～16:30）
入　館　料：一般300円（210円）
　　　　　　小中学生150円（100円）
そ　の　他：博物館相当施設（昭和43年）
　　　　　　滋賀県博物館協議会加盟・スロープ
　　　　　　車椅子用階段昇降機あり

1. 設立経緯

　昭和38（1963）年、天智天皇の事蹟にちなみ開館した。天智天皇10（671）年に漏刻を作ったことが、日本における時刻制度の始まりであることから、それに因んだ展示施設が開設された。平成22（2010）年4月1日にリニューアルオープンした。

2. 所蔵品と展示の概要

　近江神宮時計館宝物館は1階が時計館、2階が宝物館となっている。1階では寛政の初めに製作された振り子式天文時計、櫓時計、香時計や、三層に分かれた枡より漏れ落ちる水の量により時間を計る、わが国最初の時計である漏刻などが展示されている。また、高松宮家から譲り受けた日本一古い時計も展示されている。2階では非公開であった宝物が常設展示され、近江神宮の創建時からの歴史に沿って構成されている。また特別展示室が別に設けられ、関連する特別展や企画展も開催されている。

3. 刊行物

　専用パンフレット、季刊『和時計』、図録『時計のはなし』

4. その他

　附属教育機関として近江神宮附属時計眼鏡宝飾専門学校が神社の敷地内に建てられている。専門学校の教師が博物館の学芸員・研究員を兼務している。

押立神社・宝物館

おしたてじんじゃ・ほうもつかん

所　在　地：〒527-0138 東近江市北菩提寺町365
電　　　話：0749-45-2094
設　　　立：1969（昭和44）年4月24日
建 築 面 積：48㎡
収 蔵 点 数：約110点
開　館　日：原則無休
入　館　料：無料
そ　の　他：写真撮影可

1. 設立経緯

御祭神を火産霊神・伊邪那美神とする押立神社は、南北朝時代に建立された大門と本殿が、国の重要文化財に指定されている。宝物館は、大門と本殿の棟札や、神社の蔵や社務所に置かれていた文化財を一括保管するために、昭和44（1969）年に建立された。

2. 所蔵品と展示の概要

代表的所蔵資料として、国指定の重要文化財である大門、本殿の「棟札」や「鰐口」（大永4（1524）年）滋賀県指定有形文化財）、「十一面観音」、「聖観音」（双方とも湖東町指定文化財）があり、祭事で使われていた能面や和琴等と共に展示されている。あわせて、特殊神事である古式祭（ドケ祭）の様子も写真で紹介している。

25. 滋賀県　建部大社・宝物殿

建部大社・宝物殿
たけべたいしゃ・ほうもつでん

所　在　地：〒520-2132　大津市神領 1-16-1
電　　　話：077-545-0038
設　　　立：1975（昭和 50）年 4 月 1 日
建 築 面 積：308㎡
収 蔵 点 数：約 50 点
開　館　日：事前連絡（9:00～16:00）
入　館　料：一般 200 円
そ　の　他：写真撮影可・土足可

1. 設立経緯
　昭和 50（1975）年 4 月 15 日の御鎮座壱千参百年式年大祭の斉行に伴う記念諸事業の一環として宝物殿が設立された。神職が運営を兼務している。

2. 所蔵品と展示の概要
　重要文化財の「女神像」（平安時代）、石灯籠をはじめとする文化財約 50 点を所蔵し、展示している。宝物殿内は空調設備・防犯設備ともに整っており、それぞれの資料に合わせた保存環境と展示設備が備えている。キャプションはあるものの、資料や展示に関する個別の解説などは用意されていない。資料は寄贈・寄託による収集が行われており、県立近代美術館などの特別展の際には、貸し出しも行っている。

3. 刊行物
　特になし（神社パンフレットに宝物殿紹介記事がある）。

筒井八幡神社・木地屋民芸品展示資料館

所　在　地：〒527-0201 東近江市蛭谷町178
電　　　話：0749-29-0430
設　　　立：1979（昭和54）年5月
建 築 面 積：約66㎡（木造建築・地上2階建て）
収 蔵 点 数：約200点
開　館　日：事前予約制
　　　　　　（土・日・祝 9:00～16:00開館）
入　館　料：中学生以上300円・それ以下は無料
そ　の　他：写真撮影可

1. 設立経緯

　鈴鹿の山深い木椚の渓谷は、木地師発祥の地として全国に知られている。1100年の歴史を誇る木地師の関係文書の整理、展示により、伝統文化の維持保存と後継者の養成、並びに集落の振興を図るため、林業村落振興緊急対策事業の指定を受け、木地氏が崇拝している惟喬親王（844～897）が祀られている筒井八幡神社付近に、昭和54（1979）年に設立された。

2. 所蔵品と展示の概要

　全国の木地師を訪ね歩いて身元を確認し、様々な名目で金銭を徴収した記録「氏子駈帳」（正保4（1647）年～安政3年（1856）滋賀県指定有形民俗文化財）をはじめ、論旨・免許状等の木地師文書や轆轤に使われる道具類などを展示し、あわせて木地師の作業工程をパネルで説明、紹介している。

3. 刊行物

　リーフレット

26. 京都府

おおいしじんじゃ・ほうもつでん
大石神社・宝物殿

所　在　地：〒607-8308
　　　　　　京都市山科区西野山桜ノ馬場町116
電　　　話：075-581-5645
設　　　立：1998（平成10）年
建 築 面 積：50㎡（木造建築・平屋建て）
収 蔵 点 数：約50点
開　館　日：原則無休（9:00～17:00）
入　館　料：無料

1. 設立経緯

　赤穂義士大石内蔵助良雄公を顕彰するため昭和10（1935）年に全国の有志により創建された。「忠臣蔵300年記念大祭」に合わせて宝物殿を建設する予定だったが、NHK大河ドラマに、忠臣蔵を題材とする「元禄繚乱」が決まったため、忠臣蔵ファンが見て楽しめる展示施設として開設した。

　また、全国義士会連合会所属の京都山科義士会によって大石公の山科隠棲に関わる史跡の保護活動や史料の研究会が開かれているなど、普及事業も盛んである。

2. 所蔵品と展示の概要

　大石公をはじめとする赤穂四十七士ゆかりの品々を中心に、23点の展示をしている。以下、列挙すると大石内蔵助良雄書、小野寺十内秀和書、大原源吾忠雄書、中村勘助正辰書、山科隠棲宅欄間片、浅野内匠頭長矩肖像画、義士四十七士図「表門 裏門」三幅軸（享保十四年）、忠臣蔵横幟鳥居家鳥山人画（天保十三年）四十七士図屏風三井高桝画大網宗彦賛（安政二年）、堂本印象画「山桜図陶板」（御帳台天井奉納）狛犬楠部彌弌作・堂本漆軒作（昭和十三年奉納）、吉田大和之丞（奈良丸）画「富士の図衝立」、東映歴代大石内蔵助役俳優写真などである。

3. 刊行物

　リーフレット「大石神社」

きたのてんまんぐう・ほうもつでん
北野天満宮・宝物殿

所　在　地：〒602-8386 京都市上京区馬喰町
電　　　話：075-461-0005
設　　　立：1927（昭和2）年12月
建 築 面 積：442.9㎡
収 蔵 点 数：約437点
開　館　日：縁日（毎月25日）
　　　　　　4月10日より5月30日
　　　　　　観梅・紅葉シーズン・1月1日・12月1日のみ開館
　　　　　　（9:00～16:00）
入　館　料：一般300円・中高校生250円・小人150円

1. 設立経緯

　天暦元（947）年の創建以来、菅原道真公を天神として祀る北野天満宮は、天皇家や藤原摂関家、公家や有力武将さらに庶民にまで幅広く信仰され、多数の宝物が奉納されている。宝物殿は境内に存在し、建物は昭和2（1927）年、萬燈祭の記念事業として建築されたものであり、和洋折衷の意匠を凝らした美しいものである。収蔵品の種類は幅広くまた国宝や重要文化財も多く、多数の優品を所有している。宝物殿はこれらの文化遺産を通じて日本の伝統の豊かさをより多くの人に感じてもらえることを目的として設立している。

2. 所蔵品と展示の概要

　代表的所蔵資料として国宝北野天神縁起絵巻（伝藤原信真筆：鎌倉時代前期）がある。本来は神体に準ずるものとして非公開であったが、平成20（2008）年に北野天満宮縁起絵巻（承久本）が「平成記録本」として高精細複製され、北野天満宮に奉納されたため、宝物殿において鑑賞ができるようになっている。また重要文化財には昌俊弁慶相騎図絵馬（長谷川等伯筆：桃山時代）、橘松竹鶴亀蒔絵文台・硯箱（桃山時代）、日本書紀兼永本（卜部兼永謄本）、太刀銘國綱（鬼切）（平安時代後期）、太刀銘恒次附糸巻太刀拵（鎌倉時代）があり、他にも画家や工芸作家が奉納した絵馬や蒔絵硯箱、掛幅、懸鏡、北野天満宮文書等も展示されている。展示ケースはハイケース型、ウォールケース型を用い、内部に神社特有の壁代を張り、床部に縁が四菱模様の畳を敷いており、神社の宝物殿を意識した展示空間を創造している。

3. 刊行物

リーフレット

とよくにじんじゃ・ほうもつかん
豊国神社・宝物館

所　在　地：〒605-0931
　　　　　　京都市東山区大和大路正面茶屋町530
電　　　話：075-561-3802
設　　　立：1925（大正14）年
建築面積：――（鉄筋建築・平屋建て）
収蔵点数：約150点
開　館　日：原則無休（9:00～16:30）
入　館　料：大人300円、高大生200円、小中生100円

1. 設立経緯

　神社は通称「ほうこくさん」と呼ばれ、慶長3（1598）年8月18日に死去した豊臣秀吉公を祀るために創建されたものの、慶長20（1615）年の豊臣家滅亡後、江戸幕府によって廃止された。その後、慶応4（1868）年に明治政府によって再建が決定し、明治8（1875）年に方広寺境内を割いて社地とし、明治13年に再建されたものである。宝物館は、神社の祭神である豊臣秀吉公にまつわる宝物を保存・公開する施設として、大正14（1925）年に建てられた。設計は武田五一によるものとされ、桃山時代風の日本の伝統的なデザインを踏襲した外観をもつ。構造は鉄筋建築で、我が国で最も古い時期に建てられた貴重な近代建築でもある。

2. 所蔵品と展示の概要

　重要文化財指定の狩野内膳筆「豊国祭礼図屏風」や辻与二郎作「鉄燈籠」をはじめとした、主に豊臣家や神社に関わる文書・武具・茶道具・什器類など、約80点を常設展示している。展示室内部は回廊状となっており、入口に象徴展示として「鉄燈籠」が露出展示され、周縁に壁面ハイケースと覗きケースが配された構成となっている。また、当ケースには開館当時からそのままの貴重な大正ガラスが嵌め込まれていることや、当時最先端技術であったコンクリート工法を用いていることからも看取されるように非常に贅をこらして造られた施設であったといえよう。

3. その他

　境内には国宝三唐門に数えられる壮麗な「唐門」など、歴史的な遺構も数多く残されている。

乃木神社・宝物館・記念館・復元旧邸

所　在　地：〒612-8028
　　　　　　京都市伏見区桃山町板倉周防32
電　　　話：075-601-5472
設　　　立：1916（大正5）年
建 築 面 積：――（土蔵建築・2階建て）
収 蔵 点 数：約100点
開　館　日：原則無休（9:00～17:00）
入　館　料：大人100円・子供50円

1. 設立経緯

　乃木神社は乃木希典将軍の殉死に強い衝撃を受けた村野山人が全財産を投じて創設し、宝物館も神社創建と同時に乃木将軍の遺品を保存公開する施設として建てられた。宝物館は、なまこ壁の土蔵様式の建物であり、耐火を意識した造りとなっている。

　記念館は、乃木将軍が日露戦争時の203高地攻略の指揮を取り起居した第3軍司令部の建物を神社建立の際に買い受け、移築復元したものである。建物は、もと南満州にあった横長の母屋であり、その腰石には5億年以上前に形成された正桂岩を使い、「漣痕」模様の化石がみられる学術的にも珍しいものである。野外には人物模型を用いて、長府の旧邸の中で乃木将軍が少年時代に父親から毎朝訓示を受けている若き将軍の暮らしぶりの様子を復元展示している。

2. 所蔵品と展示の概要

　乃木将軍が日露戦争中、火急の出陣に備えるために考案した左右の区別がない軍靴、ロシアのステッセル将軍から贈られた愛馬壽号の鞍、静子夫人が明

治天皇の銀婚式の際に着用したドレス、第1回パリ万国博覧会に出品されたものと同類の七宝焼大花瓶など約100点が展示されている。また、乃木将軍の遺言をはじめとし、東郷元帥が乃木将軍を称えて揮毫した書や、書簡、日露戦争や殉死に関する記事を掲載した新聞、雑誌、写真などの紙資料が展示されている。

3. 刊行物

『京都 乃木神社』

26. 京都府　藤森神社・宝物殿（馬の博物館）

藤森神社・宝物殿（馬の博物館）
（ふじのもりじんじゃ・ほうもつでん（うまのはくぶつかん））

所　在　地：〒612-0864
　　　　　　京都市伏見区深草鳥居崎609
電　　　話：075-641-1045
設　　　立：1989（平成元）年3月
建 築 面 積：――
収 蔵 点 数：――
開　館　日：原則無休
　　　　　　（但し5月1日～5日は祭礼のため休館）
入　館　料：無料

1. 設立経緯

藤森神社宝物殿は、藤森神社参集殿と共に平成元（1989）年3月に竣工した。寄棟屋根の高床式の建物で、古来神社と馬の関わりが深いことから平成9年に馬の博物館も併設している。神社は平安遷都以前、神功皇后摂政3（203）年この地に（軍中の大旗）を立て、塚をつくり兵器を納め祀ったのが起こりといわれており、宝物殿の所蔵品も兵器関連が充実している。また本殿は、宮中賢所の建物を正徳2（1712）年に賜ったもので、現存する賢所としては最古のものである。その他、境内には重要文化財指定の大将軍社や八幡宮社等の建造物がある。

2. 所蔵品と展示の概要

神社に伝わる社宝に加え藤森信正宮司が収集した武具百数十点が展示されている。宝剣「三條小鍛冶宗近作」や火縄銃、短銃、なぎなた、やりなど古今の武具が並んでいる。また、銃身の短い馬上銃や一貫目玉を打ち出す大筒、鳥羽伏見の戦いで薩摩藩が使った大砲など珍しい武具もある。その中でも、一際目を引くのが国指定の重要文化財の紫絲威大鎧で、黒漆塗地盛上本小札を紫絲で威した格調高い南北朝時代のものである。戦中は「菖蒲の節句発祥の神社」とされていることに因み、「菖蒲＝勝負」として武運長久を祈願する神社として知られていたが、現在では勝負事、特に競馬関係者の信仰を集めている。そのため展示品も馬に関するもの、鞍や鐙、馬を題材にした郷土玩具など約300点を並べている。

3. 刊行物

リーフレット『藤森神社宝物殿 併設 馬の博物館』

松尾大社・神像館

まつのおたいしゃ・しんぞうかん

所　在　地：〒616-0024 京都市西京区嵐山宮町3
電　　　話：075-871-5016
設　　　立：1994（平成6）年
建 築 面 積：約50㎡（鉄筋建築・平屋建て）
収 蔵 点 数：約4,000点
開　館　日：原則無休
入　館　料：500円

1. 設立経緯

　松尾大社には、境内に庭園学の第一人者の重森三玲が手掛けた松風苑という三つの庭園があり、その一つの曲水の庭背後に神像館がある。神像館は葵殿や参集殿と渡り廊下で繋がっており、庭園が様々な方向から眺められるような設計となっている。

　また、松尾大社は「お酒の神様」を祀ることで知られており、醸造シーズン前の11月に行われる上卯祭や、酒の完成を感謝する4月の中酉祭を中心に、一年を通して全国から1,000人以上の酒造関係者らが参拝に訪れる。このため境内には平成6（1994）年開館の「お酒の資料館」を併設している。

2. 所蔵品と展示の概要

　神像館では、神社所蔵の御神像21体（9世紀～14世紀）が常設展示されている。
　特に等身大三体（男神像二体・女神像一体）の神像は平安時代初期の作で、老年男神像は大山咋神、女神像は市杵島姫命、壮年男神像は御子神をあらわしていると言い伝えられており、神像彫刻では最古に属するものとして有名で、三体とも重要文化財に指定されている。

　また、月読神社をはじめ摂末社で祀られていた18体の御神像も、神像彫刻の歴史を知る上で大変貴重なものである。

　併設しているお酒の資料館では酒ができるまでの製造工程を、全国の酒造業者等から寄贈された酒造道具やマネキンを用いて動的に展示している。加えて、各地の名陶芸家によって作られたとっくりや杯などの酒器約100点も展示されている。また、季節に応じて特別展などが開催されている。

3. 刊行物

　リーフレット『松尾さん』、所蔵品解説書など

安井金比羅宮・金比羅絵馬館
やすいこんぴらぐう・こんぴらえまかん

所　在　地：〒605-0823 京都市東山区
　　　　　　東大路松原上ル下弁天町70
電　　　話：075-561-5127
設　　　立：1976（昭和51）年
建 築 面 積：約120㎡（木造建築・2階建て）
収 蔵 点 数：約550点
開　館　日：月曜以外（月曜が祝日の場合は翌日休館）
入　館　料：500円
関連博物館：ガラスの部屋（同建物内に併設）

1. 設立経緯
　境内に以前からあった絵馬堂を絵馬の保存を考え、昭和51（1976）年に改築したものである。その改築には、日本独特の信仰絵画として美術史上に異彩を放つ絵馬を保存し、華やかな江戸文化出現に一役を買った絵馬堂特有の建築美を、なるべく損なうことなく近代感覚のなかに生かそうという想いが込められている。日本初の絵馬専門の博物館である。
　また、先代の鳥居博愛宮司が収集した資料を中心に、エミール・ガレ、ルネ・ラリック、アマリック・ワルターらの作品が展示された「ガラスの部屋」も併設している。

2. 所蔵品と展示の概要
　金比羅絵馬館は1階と2階に分かれており、1階は明和～明治までの大絵馬が展示されている大絵馬展示室と小絵馬展示コーナー、2階は現代作家の作品が並べられた小絵馬大展示室と文楽をテーマにした文楽の部屋で構成されている。
　主要な作品として、江村春甫筆「意馬心猿図」（寛政4（1792）年）、田中日華筆「巴御前図」（文化9（1812）年）、山口素絢筆「双馬図」（文化12年）があり、2階の小絵馬展示室には手塚治虫や藤山寛美、桂文珍、和田アキ子など数多くの有名人が奉納した絵馬が飾られている。

3. 刊行物
　リーフレット「金比羅絵馬館 ガラスの部屋」

霊山護国神社・幕末維新ミュージアム「霊山歴史館」
<small>りょうぜんごこくじんじゃ・ばくまつぃしんみゅーじあむ　「りょうぜんれきしかん」</small>

所　在　地：〒605-0861 京都市東山区
　　　　　　清閑寺霊山町1
電　　　話：075-531-3773
設　　　立：1970（昭和45）年10月
収 蔵 点 数：5,288点（うち展示は約100点）
開　館　日：月曜日以外（10：00～17：30）
　　　　　　（展示替え期間中休館あり）
入　館　料：一般700円・高校生400円
　　　　　　小中学生300円
バリアフリー：あり
そ　の　他：登録博物館（1975（昭和50）年1月）

1. 設立経緯

　明治元（1868）年5月10日付け太政官布告により幕末維新志士の諸霊を祀るため京都東山が霊山聖地に指定され、以降各藩が招魂社を建立した。戦後、京都在住の有志が、松下幸之助（当時松下電器産業会長）ら関西財界人に協力を求め、復興を図る霊山顕彰会が明治100年に当たる昭和43（1968）年に設立され、現在に至る。日本伝統の精神文化を振興し、後世に伝達するという顕彰会の使命と目的達成のため、幕末・明治維新史資料の収集と明治維新の研究センターとして、霊山歴史館が建設された。

2. 所蔵品と展示の概要

　幕末維新の専門歴史博物館として、倒幕派志士の遺品と幕府側に関する双方の資料を多数所蔵する。倒幕・佐幕両派の視点から幕末維新史をみることが可能である。重要文化財は、龍馬の甥・高松太郎が書いたといわれている「勤王家小伝　坂本龍馬」や龍馬の死後、その犯人を新選組だと推定した「大久保利通書状　岩倉具視宛（写）」（岩倉公旧蹟保存会蔵）等を所蔵する。資料公開展示は、5,000点を超える収集資料から約100点を選んで特別展を行っている。平成17（2005）年に全館リニューアルがなされ、大型映像コーナーや、実物に触れられる体感コーナー、歴史再現模型等を用いた展示を行っている。

3. 刊行物

　タブロイド版機関紙「維新の道」（年4回発行）、『霊山歴史館紀要』（2年に1度刊行）など。

4. その他

　施設は（財）霊山顕彰会が運営している。霊山歴史館「友の会」がある。

27. 大阪府

誉田八幡宮・宝物館
こんだはちまんぐう・ほうもつかん

所　在　地：〒583-0857　羽曳野市誉田3-2-8
電　　　話：072-956-1175
設　　　立：1974（昭和49）年3月
建 築 面 積：100㎡
収 蔵 点 数：――
開　館　日：毎週土曜日（13:00～16:00）
入　館　料：一般400円

1. 設立経緯

　誉田八幡宮の縁起は、欽明天皇の勅願によって応仁天皇陵前に社殿を建立したことに始まる。八幡信仰が盛んになった結果、応仁天皇ゆかりの地に社殿が建立されたと考えられている。時代を経て、源氏の氏神が八幡であるという信仰の広まりと同時に、将軍家をはじめ、源氏を名乗る武士の信仰を受けるようになる。源頼朝は伽藍修復を行い、現在、国宝及び重要文化財に指定されている文化財を寄進した。近世には、豊臣秀吉から徳川幕府に至るまで、あつい庇護を受けた。
　このような経緯を経て伝来の貴重な社宝を保存公開するために宝物館を設立した。

2. 所蔵品と展示の概要

　国宝2点、重要文化財6点を所有しており、資料の状態に合わせ展示が行われている。長年の自然環境の変化による高温・多湿期間の長期化のため、「誉田宗廟縁起」および掛け軸は1次資料の展示を行わず、パネルと写真で紹介している。定期的に展示替えが行われており、不定期ではあるが企画展も実施している。資料の貸し出しも実施しているが、資料の新規収集は行われていない。資料の保存に関しては、専用の保存施設を備えており、宝物殿・保存施設ともに防火設備および24時間体制の防犯設備も整えられている。
　開館中は展示解説が行われる。

住吉大社・住吉文華館
すみよしたいしゃ・すみよしぶんかかん

所　在　地：〒558-0045 大阪市住吉区住吉 2-9-89
電　　　話：06-6672-0753
設　　　立：1977（昭和52）年5月10日
建 築 面 積：――（鉄筋建築・地上1階建て）
収 蔵 点 数：約 400 点
開　館　日：日曜日（10:00～15:00）
　　　　　　（現在展示改装中のため臨時閉館）
入　館　料：大人 300 円　小人 150 円

近畿　大阪府

1. 設立経緯

当社周辺は古来、文物の流入窓口に当たり、その地に鎮座する住吉大社は、多くの人々より崇敬を集めて、政治・経済・文化のあらゆる側面で大きな役割を果たしていた。そのため、宝物庫には奉納された多くの歴史資料が所蔵されていた。しかし、資料の保護のみでなく、参拝者への公開を通して住吉大社の豊かな歴史や文化財に対する認識を深められる展示施設として住吉文華館を建設した。なお、文華館は、景観や周辺の建造物と調和した厳かな建物となっている。

2. 所蔵品と展示の概要

住吉大社は、海の神である住吉三神（底筒男命・中筒男命・表筒男命）と神功皇后の四柱が祀られているため、航海安全のために奉納された絵馬や、住吉大社神代記など住吉大社に伝えられている多数の文化財・宝物（文書・短冊・絵図・狛犬・舞楽衣装・舞楽面・刀剣等）を収蔵・展示している。

重要文化財に『住吉大社神代記』、太刀（銘「森家」）、刀（銘「小野繁慶」）、面「綾切」など、府指定文化財に『住吉松葉大記』などがある。

3. 刊行物

各種刊行物

4. その他

大阪歴史博物館のホームページにて、休館情報など住吉文華館に関する情報を提供している。また、大坂市立美術館では住吉大社文華館所蔵資料を使用した特別展「住吉さん―住吉大社 1800 年の歴史と美術―」が催され、他施設に展示物の貸与も行っている。

玉造稲荷神社・難波玉造資料館

所　在　地：〒540-0004
　　　　　　大阪市中央区玉造2丁目3番8号
電　　　話：06-6941-3821
設　　　立：1986（昭和61）年
展 示 面 積：約40㎡（鉄筋建築・地上1階建て）
収 蔵 点 数：—
開　館　日：事前予約制（1週間前）
入　館　料：大人100円

1. 設立経緯

　大和王権に関わる玉作部の居住地が4世紀～5世紀頃に当社周辺にあったことにちなむ、古代の玉製作を主題にした全国的にも稀な資料館である。社伝による創祀2000年を記念して、和洋女子大学名誉教授の寺村光晴氏の指導と全国各地の崇敬者の協力を基に、昭和61（1986）年に古墳時代の家形埴輪を模した外観建築の難波玉造資料館が設立された。現在、神職が運営を兼務している。

2. 所蔵品と展示の概要

　神社に伝わる曲玉などの古代の玉製品をはじめ、曲玉・管玉・臼玉などの歴史や製作工程を概観し、さらに全国各地の原石を展示し、古代韓国の曲玉使用例などを比較紹介している。あわせて、境内地から出土した渡来銭や土器なども展示している。
　ちなみに、古代の玉製作を主題とする博物館は、ほかに島根県松江市立出雲玉作資料館と松江市玉作湯神社出雲玉作跡出土品収蔵庫が存在する程度である。

道明寺天満宮・宝物館

所　在　地：〒583-0012 藤井寺市道明寺1-16-40
電　　　話：072-953-2525
設　　　立：1902（明治35）年
建 築 面 積：約700㎡
収 蔵 点 数：約200点
開　館　日：予約制（その他参照）
入　館　料：一般300円、小人100円

1. 設立経緯

　天正3（1575）年の高屋城の兵乱時に社殿等が焼失したが、幸い御神像と宝物等は難を免れ、同年に織田信長より、また天正11年と文禄3（1594）年に豊臣秀吉より、さらにその後徳川幕府よりも代々の寄進があり、享保年中に霊元天皇と中御門天皇より女房奉書を賜わってから明治初年まで毎年初穂料が下賜されてきた。正徳6（1716）年、石川の氾濫により坊舎等は北丘の神社境内に移し、明治5（1872）年の神仏分離により、五坊の中、二之室が神職家となり、道明寺は道を隔てて西に移築され、現在に至っている。宝物館は明治35（1902）年に菅原道真公壱千年祭の記念事業として建設され、伝来の神宝を収蔵展示している。

2. 所蔵品と展示の概要

　展示資料は菅原道真公ゆかりのものが大半であるが、道明寺天満宮敷地内から出土した考古資料なども同様に展示されている。国宝6点（青白磁円硯・銀装革帯・玳瑠装牙櫛・伯牙弾琴鏡・牙笏・犀角柄刀子）、重要文化財2点、（笹散双雀鏡・笹散蒔絵鏡匣）、府指定文化財1点（脇差　銘秀光）、市指定文化財2点（天神縁起絵扇面貼交屛風・玦状耳飾）

3. 刊行物

　図録『道明寺天満宮宝物選』など

4. その他

　開館日は、1月1～3日・1月25日・2月25日・3月25日、梅まつり期間中の土・日・祝日、釋奠の日であり、それ以外は予約制となる。

28. 兵庫県

大石神社・義士史料館
（おおいしじんじゃ・ぎししりょうかん）

所　在　地：〒678-0235 赤穂市上仮屋旧城内
電　　　話：0791-42-0235
設　　　立：1928（昭和3）年12月14日
建 築 面 積：318㎡
収 蔵 点 数：約 300 点
開　館　日：原則無休（8:30～17:00）
入　館　料：一般 420 円
そ　の　他：博物館相当施設・㈶日本博物館協会加盟
　　　　　　写真撮影可

1. 設立経緯
義士史料館宝物殿の建物は、大正の初めに神戸の湊川神社の宝物館として建設されたもので、昭和20（1945）年の神戸大空襲にも戦災消失を免れた由緒ある建物である。昭和51（1976）年に大石神社に移築され、祭神である赤穂四十七士に関連する資料を展示する施設として開館した。

2. 所蔵品と展示の概要
義士史料館は、宝物殿・宝物殿別館・義士木像奉安殿・大石邸庭園長屋門の4個所から構成されている。宝物殿と別館では、大石内蔵助所持の備前長船の大小刀、大石主税が浅野長矩から拝領した脇差をはじめ義士の佩刀・鎗・討入がんどう、義士の消息書状、大石内蔵助が討入りに使用した采配、呼子鳥笛、吉良邸絵図面など義士の遺品、赤穂藩主浅野家、森家の甲冑武具などの社宝が主な展示物である。義士木像奉安殿は、平櫛田中作の浅野内匠頭像など、著名な木彫家による祭神49体の木像などが展示されている。また、大石邸庭園内の長屋門では大石内蔵助の家族や生活状況を人形によって再現している。

3. 刊行物
各種出版物

4. その他
近隣には赤穂城本丸がある。

長田神社・宝物庫
(ながたじんじゃ・ほうもつこ)

所　在　地：〒653-0812
　　　　　　神戸市長田区長田町3-1-1
電　　　話：078-691-0333
設　　　立：1980（昭和55）年9月1日
建 築 面 積：――
収 蔵 点 数：約100点
開　館　日：予約制（10:00～16:00）
入　館　料：無料
そ　の　他：写真撮影可

1. 設立経緯
　昭和55（1980）年に行われた御社殿修造記念事業に当り、一般崇敬者から建築が奉納され、資料を収蔵・展示する。

2. 所蔵品と展示の概要
　代表的収蔵資料としては、国指定重要文化財の黒漆金銅装神輿（伝源頼朝奉納）、兵庫県重要文化財の太刀拵（伝源頼朝奉納）、同じく県重要文化財の雨乞いの石灯籠（伝村上天皇奉納）、古文書である。また、県指定重要無形民俗文化財である長田神社古式追儺式で使用される鬼面が展示されている。

3. その他
　重厚な二重扉構造で、資料の保存管理に万全を期し、資料の保存を重視している。予約制で一般に公開をしている。

湊川神社・宝物殿

みなとがわじんじゃ・ほうもつでん

所　在　地：〒650-0015
　　　　　　神戸市中央区多聞通3-1-1
電　　　話：078-371-0001
設　　　立：1915（大正4年）年
建 築 面 積：207㎡
収 蔵 点 数：約400点
休　館　日：毎週木曜日
入　館　料：一般300円・大高校生200円・小学生100円
バリアフリー：スロープ・手すり・お手洗いあり

1. 設立経緯

　湊川神社は御祭神楠木正成公（大楠公）をお祀りし、明治5（1872）年に明治天皇の御沙汰により創建された。これ以来、楠木正成公ゆかりの品が奉納され、大正4（1915）年には宝物殿が設置され宝物が公開された。現在の宝物殿は、昭和38（1963）年に地元崇敬者の塩田富造氏により建設奉納され、社蔵の宝物品を参拝者の方々に御覧いただくために開館された。

2. 所蔵品と展示の概要

　展示室は3室に分かれており、第一展示室では、楠木正成公の御生涯をジオラマで解説している。第二展示室は、横山大観・前田青邨筆の大楠公像や、重要文化財である段威腹巻や法華経奥書などの大楠公ゆかりの宝物を展示。第三展示室では、企画テーマを設けて、企画に沿った宝物を始め、刀剣類の展示を行っている。年間3回程度の展示替えを行い、展示室毎のテーマに沿って所蔵資料が展示されているが、総じて御祭神の御神徳宣揚を念頭においた展示となっている。富岡鉄斎や棟方志功等の著名芸術家の作品も多数所蔵。楠木正成公に関連する資料・作品の蒐集も随時しており、それらの調査研究も行っている。

3. 刊行物

各種出版物

29. 奈良県

大神神社・宝物収蔵庫
おおみわじんじゃ・ほうもつしゅうぞうこ

所　在　地：〒633-8538 桜井市三輪2331
電　　　話：0744-42-6633
設　　　立：1971（昭和46）年
展 示 面 積：――（鉄筋建築・地上1階建て）
収 蔵 点 数：数千点
開　館　日：毎月1日・土日曜日・祝日・1月1日～8日
　　　　　　（9:30～15:30）
料　　　金：大人200円・小人100円

1. 設立経緯

　大神神社では、明治期に『大神神社宝物目録』がまとめられるなど、早くから所蔵文化財の保存管理に注意が払われた。戦後、これらの文化財や祭祀遺品類の保存と一般の観覧にも対応できる施設の必要性が高まり、明治維新百周年にちなんで、大神神社造営奉賛会が全国の崇敬者から募った寄附金などを基に、現宝物収蔵庫が建設された。

2. 所蔵品と展示の概要

　神体山である三輪山周辺の古代祭祀遺跡から出土した考古資料と、伝来の社宝や神宮寺関係資料・近現代の美術品などから構成される。古代祭祀遺跡関連資料では、奥垣内遺跡出土の古墳時代の須恵器類・禁足地から出土した古墳時代の子持勾玉、山ノ神遺跡出土の古墳時代の勾玉・滑石製模造品・土製模造品などがある。ちなみに、山ノ神遺跡出土資料は、東京国立博物館にも一部収蔵され、東京都國學院大學博物館にも、遺構の復元展示と複製資料が展示されている。伝来の社宝では、平安時代の大国主大神木像・室町時代の高杯（ともに県指定文化財）、鎌倉時代の朱漆金銅装楯（国指定重要文化財）、平安時代～鎌倉時代の湖州鏡（県指定文化財）など、神宮寺関係資料では戦国時代の三輪山縁起、平安時代～鎌倉時代の大般若経、平安時代の周書断簡（国指定重要文化財）などがあるが、周書断簡は現在奈良国立博物館に委託中である。なお、常設展示室を展示替えし、随時特別展も開催されている。

3. 刊行物

　リーフレット（「大神神社宝物収蔵庫」）

29. 奈良県　春日大社・神苑（萬葉植物園）

春日大社・神苑（萬葉植物園）
かすがたいしゃ・しんえん（まんようしょくぶつえん）

所　在　地：〒630-8212 奈良市春日野町160
電　　　話：0742-22-7788
設　　　立：1932（昭和7）年
園内面積：3ヘクタール（9,000坪）
収蔵点数：約300種
開館時間：12月から2月の月曜日以外
　　　　　（9:00～16:00）
入　館　料：大人500円・小中学生250円
そ　の　他：登録博物館
　　　　　　㈶日本博物館協会加盟（昭和33年5月10日）
　　　　　　写真撮影可

1. 設立経緯

　萬葉植物園の創立は、大阪朝日新聞社が昭和2（1927）年に提唱した天平文化宣揚運動の一事業としてはじまる。約300種の万葉植物を植栽する植物園として、『万葉集』に所縁の深い春日野にわが国で最初に開館した。『万葉集』は日本の文化史上屈指の歌集のひとつであり、古代日本人の鋭く美しい自然観察より生み出された作品が多いという特徴をもつ。そのため、萬葉植物園には『万葉集』に登場する植物を実際に展示している。入園者が直接植物を観察し、その心を感じることで、万葉人とその心をより深く理解可能にすることが設立目的である。現在、園内の植物の管理はすべて春日大社が行っている。

2. 所蔵品と展示の概要

　萬葉植物園は、昭和61（1986）年に拡張整備され、万葉の人里植物（食用・染料の栽培植物）を中心とした「五穀の里」や、春日大社のシンボルである藤を系統的に植栽した「藤の園」、また目が不自由な人のための「香りの道」等などのテーマをもって植栽展示している。また万葉植物に関しては、その植物が詠まれた歌の解説パネルを設置し、品種によっては植物学的な解説も併設することで、見学者の多様な関心に応える展示工夫が行われている。

3. 刊行物

　リーフレット、万葉植物案内書『春日大社萬葉植物園』

※神苑入口写真は、春日大社よりご提供いただきました。

春日大社・宝物殿

かすがたいしゃ・ほうもつでん

所　在　地：〒 630-8212 奈良市春日野 160
電　　　話：0742-22-7788
設　　　立：1935（昭和 10）年
　　　　　　1973（昭和 48）年新宝物館開館
　　　　　　　　　　　　　　　（現宝物館）
建築面積：――
収蔵点数：約 3,000 点（うち展示品 40 点）
休　館　日：年 4 回展示替え期間以外原則無休
　　　　　　（9:00 ～ 17:00）
入　館　料：一般 400 円・中高校生 300 円・小学生 200 円
そ　の　他：登録博物館（昭和 33 年 5 月 10 日登録）

1. 設立経緯

　神護景雲 2（768）年に鎮座した春日大社の宝物殿の収蔵品には、皇室や有名武将が奉納したと伝えられている彩色や装飾などの美術工芸的に優秀かつ貴重なものが多くある。こうした所蔵資料にまつわる伝承からも、大社の歴史を感じることができ大変興味深い。春日大社宝物殿は、当大社の歴史のみならず、時の権勢者による春日信仰の篤さを知ることができ、格式の高い由緒を改めて再確認できる場となっている。
　現在、資料の保存管理や、常設展や特別展の展示作業等の日常的な博物館運営業務は、専門の学芸員が行っている。

2. 所蔵品と展示の概要

　創建時から平安・鎌倉・南北朝・近世前期にわたる各時代の宝物、国宝 349 点、重要文化財 175 点、旧重要美術品 524 点などの合計 3,000 点以上の収蔵品から、約 40 点の名宝を抽出して展示を行っている。資料が奉納・収蔵された由来のほかに制作技法や装飾方法などが詳細に記された解説パネルがあり、美術作品としても理解することができる。数ある国宝や重文のなかでも、特に鎌倉時代と南北朝～室町時代の太刀・鎧の優品が多く所蔵されている。

3. 刊行物

　出品目録、図録、創建 1000 年記念特別展のパンフレット等

吉水神社・書院

よしみずじんじゃ・しょいん

所　在　地：〒639-3115 吉野郡吉野町吉野山
電　　　話：0746-32-3024
設　　　立：1875（明治8）年3月
建 築 面 積：――
収 蔵 点 数：約130点
開　館　日：原則無休（9:00～17:00）
入　館　料：一般400円・中高校生300円
　　　　　　小学生200円
そ　の　他：写真撮影可

1. 設立経緯

　吉水神社は南朝の元宮で後醍醐天皇の御座所、源義経潜居の地、豊臣秀吉の豪華な吉野の花見の本陣であったという歴史を持つ。それゆえ三者所縁の資料を多数所蔵し、重要文化財である書院内でこれらの資料の展示を行っている。吉野の起源は飛鳥期にも遡る長い歴史をもつが、吉水神社書院では、当社が吉野地域の歴史だけでなく、日本全体の歴史にとっても重要な地であるということが具体的に体感できる。

2. 所蔵品と展示の概要

　所蔵している重要文化財には、伝源義経所用「色々威腹巻」（鎌倉時代）や「後醍醐天皇宸翰消息」がある。また、後醍醐天皇玉座と源義経潜居の間をもち、その一画を展示施設としても使用している書院自体も、重要文化財である。他にも義経・弁慶所用と伝えられている武具や、後醍醐天皇と合祀されている楠正成に関連する資料や豊臣秀吉寄贈の資料も多数展示されている。入口には吉水神社の歴史を語る音声解説が流れ、文字解説に加えて入館者の理解をたすける工夫が行われている。

30. 和歌山県

熊野那智大社・宝物殿
<small>くまのなちたいしゃ・ほうもつでん</small>

所　在　地：〒 649-5301
　　　　　　東牟婁郡那智勝浦町那智山
電　　　話：0735-55-0321
設　　　立：1965（昭和 40）年
建 築 面 積：約 185.65㎡（平屋建築・鉄筋建て）
収 蔵 点 数：1,000 余点
開　館　日：原則無休（8:30 ～ 16:30）
入　館　料：大人 300 円・小中生 200 円

1. 設立経緯
　昭和 40（1965）年に「熊野那智大社創建 1650 年祭」の記念事業として建てられ、内部は陳列室と収蔵庫に分かれている。学芸員資格を有する神職が維持・管理を行っている。

2. 所蔵品と展示の概要
　国指定や県指定の熊野信仰に係わる文化財、絵画・古文書・尊像・刀剣・古鏡・経塚出土品・祭器具類が千余点展示されている。主な所蔵品は、室町時代の那智山の様子や熊野参詣の風俗を描いた「那智参詣曼荼羅」、「那智山熊野権現本地曼荼羅」などの絵画や、米良文書・潮崎文書等の檀那文書、社領寄進状といった古文書、八代将軍吉宗奉納の太刀をはじめ神剣といった刀剣類がある。また、日本三大経塚の一つといわれる那智経塚からの出土品は未だ大半を東京国立博物館が保管しているが、その一部の白鳳・天平時代の仏像・仏具を展示している。

3. 刊行物
　『熊野那智大社 宝物殿の栞』、『熊野那智大社所蔵那智山宮曼荼羅絵解き解説』『那智山宮曼荼羅（縮小版複製）』、『那智叢書　復刻版』

熊野速玉大社・熊野神宝館
くまのはやたまたいしゃ・くまのしんぽうかん

所　在　地：〒647-0081 新宮市一番地
電　　　話：0735-22-2533
設　　　立：1957（昭和32）年
建 築 面 積：約50㎡（平屋建築・鉄筋建て）
収 蔵 点 数：約1,200点
開　館　日：要確認（9:00〜16:00）
入　館　料：大人500円・高校生以下無料
関連博物館：和歌山県立博物館

1．設立経緯

　熊野信仰を司る熊野神社の総本宮として、中世以降、天皇・上皇・将軍家・大名家から1,200余点に及ぶ奉納品があり、それらを収蔵、展示する施設として設けられた。大社は幾度となく災害に見舞われ、社殿も明治16（1883）年に炎上し再建されたものであるが、奇跡的に現代まで多数の文化財が残されてきたこともあり「南紀州の正倉院」と呼ばれている。現在の神宝館は戦後第一号の博物館施設で、その収蔵物はいずれも国宝・重要文化財に指定されている。学芸員は配置せず、和歌山県立博物館に管理を移管し、指導を受けている。

2．所蔵品と展示の概要

　総数1,000点を超える古神宝類は、昭和30（1955）年6月22日に一括して国宝に指定された。収蔵する古神宝類は、『熊野新宮御神宝目録』により、明徳元（1390）年の奉納品と後に補充されたもので構成されるが、中世の工芸品の基準作例として貴重な資料である。

　主な所蔵品として檜の板に彩色と金・銀箔を施した熊野檜扇をはじめ、装束、手箱など絢爛豪華な調度品があり、その他に最古の神像彫刻で、平安初期の傑作といわれる速玉と夫須美の両神像など7体が所蔵されている。

熊野本宮大社・宝物殿
くまのほんぐうたいしゃ・ほうもつでん

所　在　地：〒647-1731 田辺市本宮町本宮1110
電　　　話：0735-42-0009
設　　　立：1991（平成3）年
建 築 面 積：約124㎡（鉄筋建築・平屋建て）
収 蔵 点 数：652点
開　館　日：不定休（9:00～16:00）
入　館　料：大人300円・小人100円
　　　　　　（団体は2割引）

1. 設立経緯

　本宮大社は鎮座以来、何度も大きな災害に見舞われ、特に文明年間（室町時代）と永禄年間（戦国時代）に大災害が発生し、社殿・宝蔵・文庫など多数の建物や収蔵物を焼失した。そして明治22（1889）年には未曾有の洪水により現在地に遷座を余儀なくされた。それら大きな災害の度に、時の権力者より神宝・調度の寄進を受けた品々で、幸いにも災害を免れた伝来の品々を収蔵、展示するために宝物殿が設立された。

2. 所蔵品と展示の概要

　鎌倉時代末期から室町時代初期の「熊野本宮八葉曼荼羅」（県指定文化財）、源頼朝奉納の鉄製大湯釜（国指定重要文化財）、豊臣秀頼奉納の神額（県指定文化財）、備崎経塚群からの出土品などが展示されている。

3. 刊行物

「宝物殿の栞」

隅田八幡神社・資料室

所　在　地：〒648-0018 橋本市隅田町垂井622
電　　　話：0736-32-0188
設　　　立：1997（平成9）年
建 築 面 積：社務所 13.2㎡
収 蔵 点 数：約500点
開　館　日：――
入　館　料：――
そ　の　他：写真撮影禁止

1. 設立経緯

平成9（1997）年に、小遷宮に際する記念行事の一環で、社務所建て替えに伴い設立したものである。また、小遷宮を記念して東京国立博物館寄託の「国宝人物画像鏡」の里帰り展示を実施する目的で、社務所内に資料室を設置したものである。

2. 所蔵品と展示の概要

本神社を代表する社宝は、人物画像鏡で大正5（1916）年に旧国宝に指定され、昭和25（1950）年の文化財保護法の制定に伴い昭和26（1951）年に再び国宝に指定され現在に至っている。現在実物は、東京国立博物館に寄託されているが、2面のレプリカ（型取り模造）が展示されている。さらには、和歌山県有形文化財指定の「隅田文書」をはじめとする文書類が展示されている。

また、境内には平成9年の発掘調査により、経筒・経筒外容器・経典（長寛2（1164）年の在紀年銘）・和経・短刀・合子等が検出された経塚が保存されている。これらの出土品は県有形文化財に指定され橋本市郷土資料館で保管されている。

3. 刊行物

リーフレット「紀州　隅田八幡神社」

31. 鳥取県

宇倍神社・徴古館
うべじんじゃ・ちょうこかん

所　在　地：〒680-0151
　　　　　　鳥取市国府町宮下字一宮651
電　　　話：0857-22-5025
設　　　立：1963（昭和38）年3月
建 築 面 積：114.0㎡（延床面積99.4㎡）
収 蔵 点 数：約60点
開　館　日：要望があれば見学可
入　館　料：無料
そ　の　他：館内撮影可

1. 設立経緯
　鳥取県指定有形民俗文化財「宇倍神社御幸祭祭具」を保管するための収蔵庫として建設。

2. 所蔵品と展示の概要
　鳥取県指定有形民俗文化財「宇倍神社御幸祭祭具」と、その他神社所蔵の古文書など、約60点を収蔵。

3. その他
　参集殿には神社所蔵品の中から文化的価値のあるものを展示するスペース（下写真）があり、常時見学可能。

倉田八幡宮・宝物殿

所　在　地：〒680-1131 鳥取市馬場299
電　　　話：0857-53-1235
設　　　立：――
建 築 面 積：792㎡
収 蔵 点 数：約106点
開　館　日：原則非公開
　　　　　　（研究目的等の事前申請場合を除く）
入　館　料：――
そ　の　他：館内写真撮影可

1. 設立経緯

　倉田八幡宮の周辺集落では、神社に付属する「八幡永楽座」の人形芝居を保管するために設立。

　「永楽座」の人形芝居は、江戸時代後期に始まり、以来農村の娯楽として行われてきた。芝居道具については、集落で管理され、興行も集落で行われてきたが、昭和34（1959）年以来行われなくなり、集落の個人宅に保管されていた道具の散逸が危惧された。そこで、昭和46年に人形芝居道具が県指定保護文化財に指定されたのを契機に、神社に一括して奉納された。

2. 所蔵品と展示の概要

　県指定保護文化財「永楽座」の人形芝居道具と、倉田八幡宮所蔵の古文書など106点の資料を保管している。また、社叢は国の天然記念物に指定されている。

32. 島根県

赤穴八幡宮・資料館
あかなはちまんぐう・しりょうかん

所　在　地：〒699-0701 飯石郡飯南町上赤名1652
電　　　話：0854-76-2138
設　　　立：1981（昭和56）年
建 築 面 積：34㎡・延床面積25㎡
収 蔵 点 数：約380点
開　館　日：通年
入　館　料：一般150円・大高校生100円
　　　　　　小中学生50円
バリアフリー：宝物殿展示室までスロープ階段
　　　　　　（展示室内一部階段）

1. 設立経緯
　八幡神像の重要文化財指定を契機として、他の神社所蔵品とともに一括保管収蔵するために収蔵庫と資料室を建設。その後、施設の老朽化に伴い新しい収蔵庫を建設し重要文化財を収蔵するとともに、旧収蔵庫を資料室として使用。

2. 所蔵品と展示の概要
　重要文化財：木造八幡神坐像1躯、木造息長足姫坐像1躯、木造比売神坐像1躯、附木札2枚。
　飯石郡小田村御検地帳1冊。飯石郡野萱村御検地帳1冊。飯石郡上来島村御検地帳1冊。
　飯石郡下来島村御検地帳1冊。赤穴家文書。棟札（弘治二年九月十四日御造営）。運上銀銅荷継関係文書。赤穴八幡宮文書。神楽面。古鏡35面。鏡箱2個。等々

出雲大社・宝物殿（神祜殿）
<small>いずもたいしゃ・ほうもつでん（しんこでん）</small>

所　在　地：〒699-0701 出雲市大社町杵築東 195
電　　　話：0853-53-3100
設　　　立：1981（昭和 56）年
建 築 面 積：547.04㎡・延床面積 630.2㎡
　　　　　　（展示室 302.24㎡）
収 蔵 点 数：約 3,000 点（うち展示品 41 点）
開　館　日：通年
入　館　料：一般 150 円・大高校生 100 円・小中学生 50 円
バリアフリー：宝物殿展示室までスロープ階段
そ　の　他：博物館相当施設・㈶日本博物館協会加盟

1. 設立経緯
　古来御神宝は本殿に奉納収蔵され、宝物と文書は寛文年間に築造、以後造替・修理された「宝庫」と「文庫」に収蔵されてきた。大正 3（1914）年に宝物展示のための「彰古館」を建設、日常的に拝観ができることとなった。その後、昭和 32（1957）年には改築された「庁舎」でも常設展示が始まった。昭和 56（1981）年には神祜殿の 2 階に本格的な展示施設として「宝物殿」を開館し、庁舎展示を移し、現在では「彰古館」との 2 ヵ所で展示している。

2. 所蔵品と展示の概要
　正方形の展示施設内にウォールケースを配し、中央にも正方形状に展示スペースを設けている。展示内容としては、杵築大社（現・出雲大社）の鎌倉～江戸後期までの社殿の配置図を並べ、時代毎に比較することでそれぞれの時代の出雲大社境内の変遷が理解できる展示となっている。また、奉納された当代随一の刀剣を展示スペースの中央周辺に配置し、出雲大社の歴史と、宝物の展示を同時に見られる構成となっている。代表的な展示品として、秋野鹿蒔絵手箱 1 合（国宝）や、後醍醐天皇が「三種の神器」の一つである「天叢雲剣」の代わりとして、杵築大社が宝剣として所蔵していた二振りのうち一振りを所望した綸旨である紙本墨書後醍醐天皇宸翰宝剣代綸旨 1 巻（重文）や、その返礼として下賜された谷風の琵琶など出雲大社の名にし負う文化財が並んでいる。

3. 刊行物
　『出雲大社』、『出雲大社由緒略記』

隠岐神社・海士町後鳥羽院資料館

所　在　地：〒684-0400 隠岐郡海士町中里
電　　　話：08514-2-1470
設　　　立：1981（昭和56年）
建 築 面 積：342.28㎡（民具展示館211.16㎡）
収 蔵 点 数：約200点
開　館　日：3月21日～11月20日（無休）
入　館　料：一般300円（15名以上250円）
　　　　　　子ども150円（100円）
そ　の　他：写真撮影可

1. 設立経緯

　平成20（2008）年4月に、海士町歴史民俗資料館から海士町後鳥羽院資料館に名称が変更された。海士町の民具を展示する海士町民具展示館は、林野庁の地域材利用推進対策事業補助金によって建てられた施設で、町内から寄贈された民具を保存し、小学校の児童たちの勉強の場として活用されている。

2. 所蔵品と展示の概要

　国宝：後鳥羽院御影（水無瀬神宮蔵）、後鳥羽院御手印御置文（水無瀬神宮蔵）、熊野懐紙（近衛家陽明文庫蔵）

　県指定文化財：刀剣　来国光　一振

　その他：後鳥羽院島よりの御文の写し（安永元（1772）年）、遠島御百首（元禄12（1699）年、明和3（1766）年）、遠島歌合・御鳥羽院御集・御鳥羽印御口伝・遠島百首抄（板本）、扁額「隠岐院」持明院基延筆（源福寺蔵）、御代拝装束並祭具（村上家蔵）、刀剣（月山貞一　外十七振）、献詠帖、御紋蒔絵御台子皆具、狛犬、書、絵画（以上後鳥羽院関係並隠岐神社宝物）、後鳥羽院御宸筆、御銀鍋、御薬茶碗、御茶入、御愛用猫石、蛙石、菊綿～菊花に被せた真綿（以上後鳥羽院御遺品村上家蔵）、隠岐山陵宝物、飛鳥井少将遺品、考古資料（郡山遺跡・竹田遺跡・福井横穴古墳群・御波横穴古墳・古寺院瓦片・海士町各地古墳出土須恵器等）

　民俗資料は民具展示館及び民具収蔵館展示館に海士町における各種民具が展示されている。

黒木神社・黒木御所碧風館

くろきじんじゃ・くろきごしょへきふうかん

所　在　地：〒684-0302
　　　　　　島根県隠岐郡西ノ島町別府275
電　　　話：08514-7-8556
設　　　立：1967（昭和42）年
建 築 面 積：約100㎡
収 蔵 点 数：約100余点
開　館　日：4月1日〜10月31日（月曜日休館）
入　館　料：一般300円（10名以上250円）子ども100円
そ　の　他：写真撮影可

1. 設立経緯
昭和天皇が御来島されたことを記念して建設された。

2. 所蔵品と展示の概要
建治二年文書・建治三年文書・正中三年文書・建武元年文書（笠置家蔵）、宇野家家譜（宇野家蔵）、慶長四年別府村検地帖・慶長十八年別府村検地帖（西ノ島町所蔵）、後醍醐天皇守本尊毘沙門天絵像（別府伊藤家蔵）、後醍醐天皇守本尊毘沙門天厨子一具寄附帖・焼火山大権現和文縁起・隠州往古以来諸色年代略記・美田村神社之縁起集（松浦家蔵）、隠州視聴合祀（寛文七年）、隠州視聴記（元禄四年）、傳後醍醐天皇辰筆御歌切（焼火神社蔵）、傳後醍醐天皇帝脚下賜、愛染明王仏龕（木村家蔵）、国郡全圖下（文政十一年刊）、隠岐四郡町村連合会決議録（明治十七年）、島前神名記（元禄十六年）・隠岐両島神名記（享保年間　松浦家蔵）

3. 刊行物
リーフレット

須佐神社・スサノオ館

すさじんじゃ・すさのおかん

所　在　地：〒699-0701 出雲市佐田町原田
電　　　話：0853-84-0963
設　　　立：1993（平成5）年
建 築 面 積：約330㎡
収 蔵 点 数：――
開　館　日：原則無休（10：30～15：30）
　　　　　　（ゆかり館の館内整備日は休館。要確認）
入 館 料：無料

1. 設立経緯

　須佐神社とスサノオ館が立つ佐田町は『出雲国風土記』によれば、「須佐の郷。郡家の正西一十九里なり。神須佐能袁の命、詔りたまひしく、「『この国は、小き国なれども国処なり。故れ、我が御名は、木石には着けじ』と詔りたまひて、すなはち己が命の御魂を鎮め置き給ひき。然してすなはち大須佐田、小須佐田を定め給ひき。故れ、須佐と云ふ。」とある通り、須佐之男命がこの地をいたく気に入られ、大須佐田、小須佐田の地と名付けられ、自らの御魂もこの地に鎮められた土地である。
　スサノオ館は須佐神社の由緒、御宝物や出土品、鎮座する佐田町の民俗芸能を一般に周知することを目的に、宿泊総合施設の付設博物館として設立された。

2. 所蔵品と展示の概要

　スサノオ館の外観は蔵を模した横長の形を呈しており、須佐神社から川を挟んで程ない場所に立地している。宿泊施設であるゆかり館の宿泊者や、宿泊者ではない須佐神社に参拝に訪れた一般の来館者にも広く門戸を開いている。

　特に目を引く展示物として、天井を覆うように開く神事花（じんじばな）は約1500年前から続いているとされている須佐神社の恒例神事であり、毎年8月15日に行われる切明神事で用いられ奉納されるものである。大きな傘様の骨組みに桜などの豪奢な飾り付けをした所が特徴的である。その他、館内を飾る巨大な須佐之男命を題材にしたステンドグラスや、佐田町の民俗芸能を紹介するビデオの上映などがある。

※スサノオ館の外観・館内写真はゆかり館HP及びリーフレットより転載させて頂きました。

太皷谷稲成神社・宝物殿

所　在　地：〒699-5605 鹿足郡津和野町後田 409
電　　　話：0853-53-3100
設　　　立：1924（大正 13）年
建 築 面 積：約 555㎡
収 蔵 点 数：約 248 点
開　館　日：通年（要事前予約）
入　館　料：任意

1. 設立経緯

　大正 13（1924）年、北白川宮妃殿下の御参拝に際して宝物の御寄進がありこれを契機として宝物殿を設置。その後昭和 57（1982）年に改築を行ったが、平成 3（1991）年 11 月 1 日に儀式殿等を備えた 3 階建ての社屋を新築し、1 階部分を宝物殿として移転整備し、収蔵・展示を行っている。

2. 所蔵品と展示の概要

　資料館内は大変広く、博物館施設として貴重な資料と十全な設備を備えている。後述するが、宝物殿付設の「養老文庫」も館内に併設されている（利用には学術的調査を含め、事前許可が必要）。展示品は亀井茲監公鎧直垂地御所用品、矩貞公御甲冑、亀井茲矩書一幅、亀井八、九、十代の書の合装軸、茲親公書岡熊臣養老館則原本など、津和野藩主であった亀井家縁の品や、津和野藩士堀田仁助が藩主に奉納し、その後亀井家より奉納された天球儀・地球儀（県指定文化財）や明治天皇に奉献した『難民図』の副品、日本沿海測量の図、日本国地理測量の図、御陣立屏風、本蕃御陣立の図、綱吉将軍筆の雀図など神社博物館の中でも大変充実した展示品が並ぶ。なお、当宝物館の設立の契機となった北白川宮妃殿下ゆかりのや御宝物も展示されている。また、太皷谷稲成神社の教化としての目的で、宝珠の図や木刻神狐一対など神社関係の展示品も並ぶ。

　他、津和野藩出身の国学者である岡熊臣関係の書蹟群や福羽美静の書や和歌集・短冊、津和野派の領袖大國隆正の和歌や真筆の百人一首（額縁にて展示）や屏風などがある。また、近世・近代国学や明治神祇行政を考える上で資料的の価値の高い古文書・古典籍を「養老文庫」に多数所蔵している。

※宝物殿内部は調査の為例外として撮影をさせて頂き、また外観写真をご提供頂きました。

玉作湯神社・出雲玉作址出土品収蔵庫

所　在　地：〒699-0201 松江市玉湯町玉造508
電　　　話：0852-62-0006
設　　　立：1960（昭和35）年
建 築 面 積：16.5㎡・延床面積 16.5㎡
収 蔵 点 数：約380点
開　館　日：通年
入　館　料：任意

1. 設立経緯

　昭和33（1958）年重要文化財「出雲国玉作跡出土品」追加指定に際し、社務所や拝殿等に分散していた資料を一括収蔵し新たに出土品を一般に主治することを念頭に入れつつ、資料の管理・展示に対応を期することとなった。現在追加指定された収蔵品を含む380点を収蔵し、適宜展示に供している。

2. 所蔵品と展示の概要

　前述のように、重要文化財である「出雲国玉作跡出土品」（各種玉類184点、各種玉磨砥石162点、ガラス製造ルツボ片一括、ガラス塊一括）が主たる展示物である。その他関連資料として、玉造城主であった佐々木伊予守が弘安4（1281）年に寄進した陣太鼓1個（6片）、松江藩主松平治郷公の寄進した御社号の神額1枚。その他、玉造古墳からの出土資料、備前焼壷1点、古銭30枚、かわらけ6点等。

玉若酢命神社・億岐家宝物殿
<small>たまわかすみことじんじゃ・おきけほうもつでん</small>

所　在　地：〒685-0017
　　　　　　隠岐郡隠岐の島町下西713
電　　　話：08512-2-0571
設　　　立：1967（昭和42）年
建 築 面 積：約50㎡
収 蔵 点 数：約100点
開　館　日：6月5日（御霊会風流）のみ休館
入　館　料：一般300円（団体15名以上250円）
　　　　　　子ども100円

1. 設立経緯
　玉若酢命神社は隠岐の総社として創建された神社で、島の開拓にかかわる神とされている玉若酢命を主祭神とする。宮司を務める億岐家は隠岐国造の末裔とされ、億岐家に保管されている駅鈴と隠伎倉印は国の重要文化財に指定されている。かつてこの駅鈴と隠岐倉印を自宅で展示していたが、観光客の増加とともに現在の展示施設を建設した。
　億岐家住宅は享和元（1801）年、の建設で、社家住宅の特徴ある形式を伝えており、重要文化財に指定されている。宝物館は億岐家住宅の隣に建設されている。

2. 所蔵品と展示の概要
　　重要文化財：隠岐国駅鈴（奈良時代我国交通機関の起源）、隠岐倉印（銅印）、光格天皇御下賜唐櫃
　　その他：馬具一式、唐櫃付属の机、霊元天皇御辰筆等
　小泉八雲の子息と関係があったことから、八雲の遺品（双眼鏡等）の寄贈を受けて、展示している。

3. 刊行物
『隠岐国駅鈴　倉印の由来』

八重垣神社・宝物収蔵庫
やえがきじんじゃ・ほうもつしゅうぞうこ

所　在　地：〒690-0035 松江市佐草町227
電　　　話：0852-21-1148
設　　　立：1966（昭和41）年9月
建 築 面 積：19.44㎡・延床面積 19.44㎡
収 蔵 点 数：約80点
開　館　日：通年
入　館　料：一般200円・小人100円

1. 設立経緯
昭和41（1966）年本殿胴板壁画を修理した際に、保存管理に万全を期すため宝物収蔵庫を建設し、本殿板壁画の収蔵・展示を図ることとした。

2. 所蔵品と展示の概要
　国宝：なし

　重要文化財：板絵著色神像（本殿板壁画）3面

　重要美術品：なし

　県指定文化財：紙本墨書八重垣文書43通1巻2冊

稲田姫御神像、著色神像掛軸5幅（狩野元信筆）、短冊（後醍醐天皇皇子八宮王殿下自筆）、短冊（水成瀬中納言成卿自筆）、色紙（在原業平朝臣自筆）。櫛笥箱（堀尾出雲守忠晴）、櫛笥箱（松平宗忠）全附属品瀬茶椀、全附属品鉄醤壺、全附属品紅筆紙包、嵯峨竹3筒（松平綱近朝臣）、丸竹1筒（堀尾忠氏）、丸御膳大椀12組（松平藩主奉納）、大砲丸（陸軍大臣寺内正毅）、古鐘紐鏡果実文散双雀鏡、棟札、などを所蔵しているが、本殿板壁画と掛軸を展示し他は社務所にて保管している。

中国　島根県

151

33. 岡山県

岡山縣護國神社・宝物遺品館
<small>おかやまけんごこくじんじゃ・ほうもついひんかん</small>

所　在　地：〒703-8272 岡山市奥市 3-21
電　　　話：086-272-3017
設　　　立：1969（昭和 44）年
建 築 面 積：──
収 蔵 点 数：──
開　館　日：毎月 1 日開館（正月は除く）
入　館　料：無料

1. 設立経緯

　岡山縣護國神社は明治 2（1869）年備前藩主池田章政によって、戊辰戦争戦死者を祀る招魂祭が執行せられたのを契機として岡山招魂社として創建された。明治 7 年には官祭招魂社に列せられ、次いで昭和 14（1939）年には内務大臣指定護国神社として列格し、「岡山縣護國神社」と改称した。戦後占領軍の政策によって「操山神社」と名称を改めていたが、昭和 27 年に旧名称に復帰した。宝物遺品館は、祭神である県内の戦没者 55,000 余柱の貴重な遺品を保存し、永く後世に伝える事を目的として、創建百周年の記念にあたる昭和 44 年に当時の県知事でもあり、ご創立百年祭奉賛会長を務めた加藤武徳氏の尽力により設立された。現在は、神職が運営を兼務している。

2. 所蔵品と展示の概要

　展示品は護国神社の祭神である戦没者に関する戦時資料や遺品から構成されている。主な展示物としては、三二式軍刀、三十年式銃剣、士官用短剣やサーベル・指揮刀などの軍装品である。

3. 刊行物

　パンフレット

34. 広島県

いつくしまじんじゃ・ほうもつかん
嚴島神社・宝物館

所　在　地：〒739-0588 廿日市市宮島町1-1
電　　　話：0829-44-2020
設　　　立：1934（昭和9）年4月
建 築 面 積：404㎡（鉄骨鉄筋コンクリート造平屋建）
収 蔵 点 数：4,499点
開　館　日：原則無休（8:00～17:00）
入　館　料：一般300円・高校生200円小中学生100円
そ　の　他：登録博物館（昭和27年9月20日）・車椅子設置

1. 設立経緯

　市杵島姫命・田心姫命・湍津姫命を祀り、古くから国家鎮護・海上の守護神として尊信を受けてきた嚴島神社は、平清盛が篤く崇敬したことで有名である。平家滅亡以降も、崇敬は変わることなく現在にいたっている。宝物館は、明治28（1895）年に開催された第4回内国勧業博覧会をきっかけに設立された、昭和9（1934）年に新設された。現在は学芸員資格を有した神職が2人兼務して管理・運営を行っている。

2. 所蔵品と展示の概要

　代表的な資料としては、国宝「平家納経」、「金銅密教法具」、「小桜韋黄返威鎧・兜・大袖付」、「彩絵檜扇」、重要文化財「紙本墨書扇（伝高倉天皇御物）」、「大太刀　銘備後国住人行吉作」、「木地塗螺鈿飾太刀」、「能装束　紅地鳳凰桜雪持笹文唐織」等がある。

　建物自体が登録有形文化財であり、また神社の拝観順路終着点の正面に立地していることもあり、拝観者がそのまま宝物館へ向かうというケースが多く見受けられる。

大蔵神社（大蔵宮）・宝物殿
おおくらじんじゃ（おおくらみや）・ほうもつでん

所　在　地：〒720-1144 福山市駅家町大字今岡 36
電　　　話：084-976-0287
設　　　立：——
建 築 面 積：——（コンクリート造）
収 蔵 点 数：約 100 点
開　館　日：要問い合わせ
入　館　料：無料
そ の 他：収蔵庫・写真撮影可

1. 設立経緯
　下照姫命、大己貴神（大国主命）、大蔵神を祀る大蔵神社は「大蔵宮」とも呼ばれ今岡村の氏神として敬われていた。何度かの遷座後、貞享 2（1685）年に現在地に鎮座した。
　元和 5（1619）年、水野勝成が備後福山の領主となると、毎年大蔵神社に参詣し甲冑や槍などを奉納するようになった。阿部氏が領主となった後も歴代の城主が毎年のように参詣したと伝えられ、その奉納品が宝物殿に収められるようになった。

2. 所蔵品と展示の概要
　国宝・重要文化財に指定されているものはないが、水野勝成以来の領主が奉納した鎧・兜・槍・矢筒・太鼓や、改修以前の狛犬・他の神社の鬼瓦などが所蔵されている。
　普段は公開しておらず自由に見学することはできないが、職員に問い合わせれば見学は可能である。横 5m、縦 3m ほどの収蔵庫が展示室を兼ねている為、内部は狭いが展示ケースに収められて保管されているものもある。キャプション・解説パネルなどは殆どなく、全てが実物資料である。

3. 刊行物
　神社のパンフレットや図録など刊行物はないが、由緒が書かれたプリントは存在する。

鶴岡八幡神社・豊松歴史民俗資料館（収蔵庫）

つるおかはちまんじんじゃ・とよまつれきしみんぞくしりょうかん（しゅうぞうこ）

所　在　地：〒720-1704 神石高原町下豊松 833-1
電　　　話：0847-89-3344
設　　　立：1979（昭和54）年
建 築 構 造：コンクリート造2階建（収蔵庫）
　　　　　　コンクリート造平屋建（民俗資料館）
収 蔵 点 数：――
開　館　日：要問い合わせ
入　館　料：無料
そ　の　他：写真撮影可

1. 設立経緯
　所有者の名義は鶴岡八幡神社となっているが、神石高原町教育委員会が管理をしている。豊松歴史民俗資料館は、収蔵展示の収蔵庫と民俗資料館の2棟で構成されている。
　また詳しい経緯については不明であるが、設立当初から資料館として運営するのではなく収蔵庫として利用することを目的としていたようである。

2. 所蔵品と展示の概要
　収蔵庫の1階には鶴岡八幡神社で行われる秋祭り「渡り拍子（重要無形民俗文化財）」に関係する資料が収められ、2階は考古遺物から歴史時代までの旧豊松村の資料が収められている。いずれも収蔵展示の状態で保管されており、資料館として公開できる状態である。
　民俗資料館は近現代までの民俗資料が同じく収蔵展示状態で収められている収蔵庫である。
　どちらも収蔵庫として建てられている性格上、二次資料はなく、キャプションなどによる解説も上記の理由から殆ど見られない。

3. その他
　電話番号は、町教育委員会生涯学習課のものである。

35. 山口県

あかまじんぐう・ほうもつでん
赤間神宮・宝物殿

所　在　地：〒750-0003 下関市阿弥陀寺町4-1
電　　　話：083-231-4138
設　　　立：1965（昭和40）年4月23日
建築面積：180㎡
収蔵点数：約300点
開　館　日：原則無休
入　館　料：一般100円
そ　の　他：㈶日本博物館協会加盟

1. 設立経緯

赤間神宮は源平壇之浦の合戦に敗れ、わずか8歳で関門海峡に入水した安徳天皇を祀っている。建久2（1191）年、安徳天皇の皇怨霊鎮謝のため朝廷により御廟所が創建された。昭和40（1965）年赤間神宮御祭神780年大祭を記念して、境内地に宝物殿を竣工し展示することとなった。

2. 所蔵品と展示の概要

重要文化財として室町時代に制作された「長門本　平家物語」20冊が展示されている。これは阿弥陀寺本ともいい、昭和20年7月の空襲で周囲を焼失したが、戦後の文化財修復第1号として昭和25年に修復完了したものである。その他江戸時代の「源平合戦図屏風」、「安徳天皇御尊像」、「蘇芳織の大鎧（複製）」、「平家琵琶」などが展示されてある。主に源平合戦に関する資料を展示・収蔵している。

3. 刊行物

図録『赤間神宮宝物図録』
論文集『海王宮―壇之浦と平家物語』

忌宮神社・宝物館
いみのみやじんじゃ・ほうもつかん

所　在　地：〒752-0967
　　　　　　下関市長府宮の内町1-18
電　　　話：083-245-1093
設　　　立：1915（大正4）年
建 築 面 積：145㎡（鉄筋コンクリート建築）
収 蔵 点 数：約380点
開　館　日：年末年始以外
入　館　料：任意
そ　の　他：博物館類似施設・(財)日本博物館協会加盟

1. 設立経緯
　忌宮神社は、長門国二の宮で、仲哀天皇・神功皇后西国平定の折、豊浦宮を建て7年間滞在した地と言われる。大正4（1915）年の創建時には木造建物であったが、旧宝物館が老朽化したので、昭和46（1971）年に、現在の鉄筋コンクリート造りの宝物館が建設された。

2. 所蔵品と展示の概要
　絵画、絵馬、武器、古器、祭器、楽器、古文書などを収蔵・展示している。市の指定文化財にそれぞれ指定されている能面、狂言面を中心に展示を行っている。国の重要文化財に足利尊氏以下一族四名の法楽和歌・武内大宮司家文書並びに境内絵図、および伝則宗・備州長船盛光の太刀が指定されており、狩野芳崖奉納の絵馬は、県の文化財に指定されている。

松陰神社・宝物殿至誠館

しょういんじんじゃ・ほうもつでんしせいかん

所　在　地：〒758-0011　萩市椿東 1537
電　　　話：0838-22-4643
設　　　立：2009（平成 21）年 10 月 27 日
建 築 面 積：506㎡
収 蔵 点 数：約 1,000 点
開　館　日：原則無休（9:00～17:00）
入　館　料：一般 500 円
　　　　　　中高生 300 円・小学生 100 円

1. 設立経緯

　松陰神社宝物殿は、祭神である幕末の思想家吉田松陰公が安政の大獄によって投獄され、国難に殉じた安政 6（1859）年から 150 年に当たる平成 21（2009）年を記念して、吉田松陰公の著述・物品の永久保存を主目的として開館された。

2. 所蔵品と展示の概要

　吉田松陰公の遺墨・物品をはじめ、松下村塾生に関連する宝物を収蔵展示する。展示室は無料ゾーンと有料ゾーンに分かれている。

　無料ゾーンでは、全長 8 メートルの年表「吉田松陰の生涯」で松陰の一生を概観できる他、光庭「志士の庭」やミュージアムショップ、休憩室などがある。

　有料ゾーンは、①時代別に松陰の遺墨などを展示する「時代の書院」、②『留魂録』などの遺書を展示する「留魂の間」、③松下村塾について解説する「村塾の観席」、④タッチパネルを使ったデジタル展示「探求の文庫」で構成されている。各宝物を読み下し文や現代語訳などの解説付きで展示し、祭神と松下村塾について基礎から専門的な部分まで理解できる様な展示構成がなされている。

3. 刊行物

　図録『松陰神社所蔵宝物図録』、図録『資料で見る松下村塾の変遷』など

住吉神社・宝物館

所　在　地：〒751-0806
　　　　　　下関市一の宮住吉 1-11-1
電　　　話：083-256-2656
設　　　立：1952（昭和 27）年 7 月 20 日
建 築 面 積：96㎡
収 蔵 点 数：約 1,000 点　展示点数：約 60 点
開　館　日：祭礼行事日以外原則開館
入　館　料：一般 300 円・小人 150 円
そ　の　他：㈶日本博物館協会加盟

1. 設立経緯

昭和 25（1950）年に住吉神社御創祀 1750 年を記念して建てられ、昭和 27 年 7 月 20 日開館した。数多くの奉納品や拝受品を保存・展示している。

2. 所蔵品と展示の概要

特筆すべきものとして、豊臣秀吉が朝鮮出兵の際に作らせたとされている国指定重要文化財銅鐘（朝鮮鐘）一口がある。これは我が国の朝鮮様式の銅鐘のなかでも資料的にも工芸的にも優品で、他に比べるものがない貴重な文化財である。

また、住吉社法楽百首和歌短冊一帖、国指定重要美術品後陽成天皇宸翰懐紙一幅、霊元天皇宸翰懐紙一幅がある。その他、幕末から明治期にかけて活躍した狩野芳崖作の絵馬や額が四方に展示されており、若干の経年劣化等が見られるが当時の色彩を十分に窺うことが出来る。

玉祖神社・宝物殿
たまのおやじんじゃ・ほうもつでん

所　在　地：〒747-0065 防府市大崎1690
電　　　話：0835-21-3915
設　　　立：1975（昭和50）年
建 築 面 積：約60㎡
収 蔵 点 数：──
開　館　日：春第2日曜日、秋9月26日
入　館　料：無料

1. 設立経緯
周防国一宮として、古来より崇敬を集める玉祖神社は、昭和50（1975）年に伝来の神宝の後世への保存と教化を目的として設立された。

2. 所蔵品と展示の概要
重要文化財として周防国一宮造替神殿宝物等目録一巻、重要美術品として九曜巴紋双雀鏡一面、市指定文化財として太刀一口、その他古鏡、文書等多数が収蔵されている。

<small>なかやまじんじゃ・ほうもつでん</small>
中山神社・宝物殿

所　在　地：〒751-0849 下関市綾羅木本町7-10-8
電　　　話：083-253-0704
設　　　立：1996（平成8）年
建 築 面 積：330㎡（鉄筋）
収 蔵 点 数：約1,000点
開　館　日：原則無休（10:00～15:00）
入　館　料：無料
そ　の　他：(財) 日本博物館協会加入

1. 設立経緯
　中山神社の祭神である中山忠光朝臣命に関連する神宝と、忠光卿の曾孫の嵯峨浩と浩の嫁いだ愛新覚羅家ゆかりの品を広く一般に公開し、後世に保存することを目的として、中山忠光朝臣命生誕150年を記念して平成8（1996）年に設立された。

2. 所蔵品と展示の概要
　展示テーマを明治維新と旧満州国とする。祭神中山忠光朝臣命関係展示物としては、太政官御沙汰文や中山忠光朝臣命の遺墨や手沢品などがある。旧満州国関係展示物としては愛新覚羅浩の十二単などの遺品など愛新覚羅家から寄託された品々を展示している。

3. 刊行物
　パンフレット

35. 山口県　乃木神社・宝物館

<small>のぎじんじゃ・ほうもつかん</small>
乃木神社・宝物館

所　在　地：〒752-0967 下関市長府宮の内町 3-8
電　　　話：083-245-0252
設　　　立：1919（大正 8）年 4 月
延床面積：181.5㎡
収蔵点数：約 60 点
開　館　日：原則無休
入　館　料：任意

1. 設立経緯

明治天皇に殉死した乃木希典将軍夫妻を祀る神社である。宝物館は大正 8 (1919) 年、乃木将軍夫妻の品々及び乃木家の伝来の宝物を後世に伝えるため、同年 4 月に神社の創建とともに創設された。境内には乃木家旧宅が復元されている。

2. 所蔵品と展示の概要

主に乃木将軍遺愛石を中心に名石を展示している。乃木将軍揮毫、乃木将軍夫妻使用遺品、父希次の写本、書簡、子勝典中尉指揮刀など約 60 点が展示されている。

防府天満宮・歴史館

所　在　地：〒747-0029 防府市松崎町 14-1
電　　　話：0835-23-7700
設　　　立：1902（明治 35）年 3 月
建 築 面 積：──
収 蔵 点 数：──
開　館　日：──
入　館　料：大人 300 円・中学生以下無料

1. 設立経緯

　防府天満宮は延喜 4（904）年に創建され、京都の北野天満宮と福岡の太宰府天満宮と並んで日本三大天神として知られる。防府天満宮歴史館（旧称松崎神社宝物殿）は明治 35（1902）年、神忌千年式年を機に神社伝襲の宝物を一般に公開することを目的として設立された、神社博物館の歴史の中でも早期に設立された本格的な展示施設であったことが知られている。

　昭和 27（1952）年に約 50 年に亘り開館した展示施設が老朽化したことにより、一時閉館されていたが、昭和 52 年 3 月「菅公神忌千七拾五年」を記念して、各界の協力の元に、鉄筋 3 階建の歴史館を新築して再開館した。

　平成 22（2010）年 2 月にはさらなる改修工事等が行われ、平成 24 年 1 月 1 日に再々開館され、展示施設としてのより一層の拡充が行われた。

2. 所蔵品と展示の概要

　横に長い展示スペースを持ち、入り口付近には企画展示を行えるスペースが設けられている。数ヶ月に一回程度の期間企画展示が行われており、当地に縁の深い幕末の志士の関連展示などが行われている。

　館内は適切な温度と湿度に保たれ、博物館施設に必要な保存・展示条件を十分に満たしている。重要文化財として紙本著色松崎天神縁起六巻（応長元（1311）年）、金銅宝塔一基（承安二年）、浅黄糸威鎧一領（源平時代）などがある。その他、県指定・市指定文化財や防府天満宮関係文書を多数所蔵している。

八幡人丸神社・古典樹苑
やはたひとまるじんじゃ・こてんじゅえん

所　在　地：〒759-4503 長門市油谷新別名35
電　　　話：0837-32-2511
設　　　立：1915（大正4）年
建　築　面　積：11,500㎡（但し、敷地面積）
収　蔵　点　数：約480点（180種類480株）
開　館　日：原則無休
入　館　料：無料

1. 設立経緯
　大正4（1915）年より古歌古典書に関係ある木草を植栽し、解説板をつけるなどして、見学者の古典に関わる志向の普及に努めてきた。昭和29（1954）年に施設拡充のために内外に浄財を募り、室町時代以前の日本の古典に登場する樹木を網羅的に植栽し展示のさらなる充実を図り、参拝者の教化と教育普及に貢献している。

2. 所蔵品と展示の概要
　上記の通り、展示物は神苑全体の景観と、それを構成する樹木・草花である。一位、榊、柏など古来より和歌等日本の古典文学に登場する主な品種180種類480株を数える。

3. 刊行物
　古典樹苑保存会『古典の木草』

36. 香川県

ことひらぐう・おもてしょいん
金刀比羅宮・表書院

所　在　地：〒766-8501 仲多度郡琴平町892-1
電　　　話：0877-75-2121
設　　　立：――
建 築 面 積：――
収 蔵 点 数：――
開　館　日：原則無休（8:30～17:00）
　　　　　　※入館は16:30まで
　　　　　　※椿書院・奥書院は非公開
入　館　料：一般800円・大高校生400円・中学生以下無料

1. 設立経緯

　表書院は、金刀比羅大権現に奉仕する別当金光院が、様々な儀式や参拝に訪れた人々をもてなす応接の場として使用された建物であり、萬治年間（1658～1660）に建築されたとされる。内部の円山応挙によって描かれた五間の障壁画と共に、国の重要文化財に指定されている。また、明治時代の歴史画家・邨田丹陵も、二間の障壁画を描いている。

　表書院の前庭には、式木と呼ばれる松・桜・柳・楓が植えられた鞠懸が設けられており、一時は廃絶した蹴鞠を昭和7（1932）年より再興し、県の無形文化財として指定されている。

2. 所蔵品と展示の概要

　主な所蔵品は、円山応挙による「遊鶴図」（天明7（1787）年）、「遊虎図」（天明7年）、「竹林七賢図」（寛政6（1794）年）、「山水図」（寛政6年）、「瀑布図」（寛政6年）があり、これらは国の重要文化財に指定されている。それぞれの障壁画を、見学者は廊下からガラス越しに見学することが出来る。

　その他にも、森寛斎の「檜樹鷲図」（明治16（1883）年）や、邨田丹陵の「富士一之間」「富士二之間」（明治35（1902）年）を見ることが出来る。

金刀比羅宮・高橋由一館
ことひらぐう・たかはしゆいちかん

所　在　地：〒 766-8501 仲多度郡琴平町 892-1
電　　　話：0877-75-2121
設　　　立：――
建　築　面　積：――
収　蔵　点　数：27 点
開　館　日：原則無休（8:30 〜 17:00）
　　　　　　※入館は 16:30 まで
入　館　料：一般 800 円・大高校生 400 円・中学生以下無料
そ　の　他：入口にスロープあり

1. 設立経緯
　高橋由一は、明治時代に油彩技術を体得した日本で初めての洋画家と言われる。自ら画塾「天絵舎」を設立し、その資金援助を得るために、明治 12（1879）年に金刀比羅宮で開催された第 2 回琴平山展覧会に出品し、会期終了後その作品の全てを金刀比羅宮へ奉納している。

2. 所蔵品と展示の概要
　高橋由一が金刀比羅宮に奉納した「二見ヶ浦図」（明治 11（1878）年）、「海魚図」「桜花図」（明治 13 年）や、金刀比羅宮に関係するものとして「琴平山遠望」（明治 14 年）、平成 13（2001）年に現宮司宅から発見された「琴陵宥常像」（明治 14 年）等を含む 27 点を常設展示している。

金刀比羅宮・宝物館
ことひらぐう・ほうもつかん

所　在　地：〒766-8501 仲多度郡琴平町892-1
電　　　話：0877-75-2121
設　　　立：——
建 築 面 積：340㎡（石造2階建）
収 蔵 点 数：——
開　館　日：原則無休（8:30～17:00）
　　　　　　※入館は16:30まで
入　館　料：一般800円・大高校生400円
　　　　　　中学生以下無料
そ　の　他：登録博物館（昭和27年4月1日）

1. 設立経緯
　古くから海上交通の守り神として有名な金刀比羅宮は、瀬戸内海周辺に限らず日本各地から参拝に訪れる人々が絶えない。その為、多くの宝物が納められているが、明治の廃仏毀釈により一部什宝の散逸は免れなかったが、明治38（1905）年に宝物館の1号館、昭和3（1928）年に2号館が建設され、金刀比羅宮への崇敬の篤さを宝物館収蔵の多くの文化財が今に伝えている。
　現在は、当時1号館とされた建物のみが宝物館として一般公開されており、2号館は学芸参考館とされ閉鎖中である。

2. 所蔵品と展示の概要
　所蔵品は、主なものに重要文化財の「十一面観音立像」（平安時代）や、狩野探幽・尚信・安信による「三十六歌仙額」（慶安元（1648）年）がある。
　建設当時のガラスケースを使用した陳列展示で、展示物の名称・時代等の札が添えられている。「三十六歌仙額」のみ入口で解説プリントが配布される。

3. 刊行物
『こと比ら』（毎年出版）
『金刀比羅宮の名宝』『冷泉為恭とその周辺』
『金刀比羅宮』等の図録類

37. 愛媛県

大山祇神社・大三島海事博物館
<small>おおやまづみじんじゃ・おおみしまかいじはくぶつかん</small>

所　在　地：〒794-1393 今治市大三島町宮浦3327
電　　　話：0897-82-0032
設　　　立：1971（昭和46）年4月
建 築 面 積：762㎡（鉄筋コンクリート2階建）
収 蔵 点 数：951点
開　館　日：原則無休（8:30～17:00）
入　館　料：一般1000円
　　　　　　大高校生800円・小中学生400円
　　　　　　※大山祇神社宝物館と共通
そ　の　他：登録博物館（昭和46年4月23日）
　　　　　　（財）日本博物館協会加盟

1. 設立経緯

昭和天皇の海洋研究用採集船「葉山丸」を、永久保存する為に設立された。「葉山丸」は、第二次世界大戦後に一度は米軍に接収されるが、その後返還され再び採集船として活躍し、昭和31（1956）年に退役、その後大山祇神社に納められることになった。

2. 所蔵品と展示の概要

所蔵品は、「葉山丸」ほか関係資料を中心に、三島水軍関係資料、地場産業である製塩の民俗資料と真珠養殖についての模型・写真パネル展示、海洋生物等の標本等がある。

それぞれに手書きの説明板が付けられており、種種の展示物全体を通して、瀬戸内海の自然や歴史を感じ取ることが出来る展示構成となっている。

大山祇神社・宝物館

おおやまづみじんじゃ・ほうもつかん

所　在　地：〒 794-1393 今治市大三島町宮浦 3327
電　　　話：0897-82-0032
設　　　立：1926（大正 15）年 8 月
　　　　　　（紫陽殿：1962（昭和 37））年
建 築 面 積：811㎡（鉄筋コンクリート 3 階建）
収 蔵 点 数：数万点
開　館　日：原則無休（8:30 ～ 17:00）
入　館　料：一般 1000 円
　　　　　　大高校生 800 円・小中学生 400 円
　　　　　　※大三島海事博物館と共通
そ　の　他：登録博物館（昭和 43 年 1 月 13 日）
　　　　　　（財）日本博物館協会加入

1. 設立経緯

　大山祇神社は、山の神・海の神・戦いの神を祀る神社として、古くから信仰を集めた神社である。その為、歴代の朝廷や武将から甲冑等の武具の奉納を受けており、全国で国宝・重要文化財の指定を受けた武具の 8 割を保存していると言われる。この宝物館は、そうした武具を中心とした文化財を公開する施設として大正 15 年に設立された。後に付属施設として紫陽殿が昭和 37（1962）年に建設され、現在では国宝館と紫陽殿を併せて宝物館を構成している。

2. 所蔵品と展示の概要

　所蔵品は、国宝館・紫陽殿共に、鎧、兜、刀剣類等が中心である。主なものには、「禽獣葡萄鏡」（斉明天皇奉納・唐時代・国宝）、「赤絲威鎧大袖付」（源義経奉納・平安時代・国宝）、「螺鈿飾太刀」（平重盛奉納・平安時代・重要文化財）、「菊蒔絵角盥」（南北朝時代・重要美術品）、「大山祇神社古図」（室町時代・愛媛県有形文化財）等があり、数多くの文化財を所蔵している。

　展示の形態は、ガラスケース内の陳列展示である。品名・年代が書かれた札のほかに、国宝や重要文化財には由来等の説明が加えられている場合が多く見られる。

3. 刊行物

　『図録　大山祇神社』、『大三島の鏡』、『大三島の胴丸』等

多賀神社・凸凹神堂

<small>たがじんじゃ・でこぼこしんどう</small>

所　在　地：〒798-0010 宇和島市藤江1340
電　　　話：0895-22-3444
設　　　立：1953（昭和28）年
建 築 面 積：244㎡（鉄筋コンクリート3階建）
収 蔵 点 数：約50,000点
開　館　日：原則無休（8:00～17:00）
入　館　料：一般800円
そ　の　他：未成年者入館不可

1. 設立経緯

　独自の論を唱えた初代久保盛丸宮司によって、陰陽研究の道場として「凸凹寺」が設立され、資料をもとに一室で講義を行っていたのが始まりである。それに加えて、先代久保凸凹丸宮司がアジアを中心に世界各地から性に関する宗教・民族・風俗資料文献を収集し、数万点に及ぶ収集品を公開する場所として現在の建物が建てられた。現在は、神職が管理を兼任している。

2. 所蔵品と展示の概要

　中国等アジア各国から、ヨーロッパ・南米にいたるまで世界中から性に関する資料が集められている。日本各地の性にまつわる祭や現地調査の様子も、写真で展示されている。1階では主に国内資料、2階・国外資料、3階・浮世絵等というように分けられている。

　圧倒的な数の資料が、ガラスケースによる陳列展示と露出展示によって展示されている。収めきれない浮世絵等は、踊り場や天井まで利用して展示されている。説明板は、資料収集を行った凸凹丸氏の手によるものである。

3. 刊行物

　『宝物図録』第1～3巻

38. 高知県

小村神社・尚徳館
おむらじんじゃ・しょうとくかん

所　在　地：〒781-2151 高岡郡日高村下分 1794
電　　　話：0889-24-5245
設　　　立：1970（昭和 45）年
建 築 面 積：――（木造・平屋建て）
収 蔵 点 数：15 点
開　館　日：毎年 11 月 15 日（10:00 〜 15:00）
入　館　料：大人 500 円

1. 設立経緯

用命天皇 2（587）年創建とされ、土佐国二ノ宮でもある当社には、多くの重要な文化財が伝えられている。尚徳館は、それらを収蔵する施設として昭和 45（1970）年に建設された。現在神職が運営管理しており、毎年 11 月 15 日の例祭時にのみ開館している施設である。

2. 所蔵品と展示の概要

主な展示品のなかでも神体の金銅荘環頭大刀拵・大刀身は、古墳時代後期から良好な保存状態のままで伝世された極めて稀な例として国宝に指定されている。そのほかに、国指定重要文化財の平安時代後期の木造菩薩面 2 面や県指定有形文化財の中世の蓬莱鏡 2 面、さらに神社背後の牡丹杉付近から出土した弥生時代の銅鉾などを所蔵している。

高岡神社・収蔵庫
_{たかおかじんじゃ・しゅうぞうこ}

所　在　地：〒786-0086 高岡郡四万十町宮内1857
電　　　話：0880-22-3652
設　　　立：1970（昭和45）年
建 築 面 積：53㎡（木造1階建て）
収 蔵 点 数：20点
開　館　日：事前予約制
入　館　料：無料

1. 設立経緯
　高岡神社は、四万十町を流れる四万十川右岸、藤井山麓に鎮座している。伊予の河野氏の流れを引く、越知玉澄が伊予より来住し、地主神の仁井の翁と力を合わせて土地を開き、祖神を祀って仁井田大明神としたと言われている。創建当初は六祭神を一社に合祀していたが、弘法大師が境内に神宮寺の福円満寺を開いて四国霊場に加えた時に、五社に分祀し五社大明神としたと言われている。現在でも五社さんとして親しまれている。すぐ前には四万十川が流れており、昔は洪水の時には五社手前の山に札納めどころがあったとされており、江戸時代にはここが札所であったとされる。縁起によると享禄から天文（1528～55）頃にかけて福円満寺が廃寺となった。

2. 所蔵品と展示の概要
　平成18（2006）年に収蔵庫の新築が行われている。神社には弥生時代の銅矛5口、戦国時代の伝仁井田五人衆所用の兜、大太刀などが伝世されている。収蔵庫は展示室も兼ねているが、事前申込の方のみ見学が可能である。

土佐神社・絵馬殿
とさじんじゃ・えまでん

所　在　地：〒784-8131
　　　　　　高知市一宮しなね2丁目16-1
電　　　話：088-845-1096
設　　　立：1970（昭和45）年
建 築 面 積：――（木造1階建て）
収 蔵 点 数：15点
開　館　日：事前予約
入　館　料：大人500円

1. 設立経緯

　土佐神社は、高知市から南国市にわたる大坂越えの西麓、高知市一宮（いっく）にある。土佐神社は、延喜式内大社で古くより都佐坐（とさにます）神社、高賀茂大（たかかも）社といい、土左大神（とさのおおかみ）・高賀茂大明神とも呼ばれ、土佐国一宮とされてきた。また俗に志那禰（しなね）さまとも称されている。永禄6（1563）年本山氏が長宗我部氏の城を攻撃した際に、一宮の在家に放った火が燃え移り社殿を焼失した。その後、社殿は長宗我部氏により再興された。元亀2（1571）年建立とされる本殿・幣殿・拝殿、寛永8（1631）年の2代藩主忠義の建立にかかる楼門1棟、慶安2（1649）年建立の鼓楼が国の重要文化財に指定されている。

2. 所蔵品と展示の概要

　神社には多くの文化財が伝世されており、工芸品や古文書、棟札、考古資料、遍路関係資料、絵馬などがある。廃仏毀釈の姿を伝える天文21（1552）年銘の鰐口、鯰尾矛、和鏡、七夕に関連する水晶、『一宮再興関係文書』などの貴重な文化財がある。絵馬殿では絵馬の他、地域に関連する歴史のパネル展示など不定期で行われている。

39. 福岡県

宇美八幡宮・宝物殿
<small>うみはちまんぐう・ほうもつでん</small>

所　在　地：〒811-2101
　　　　　　糟屋郡宇美町宇美1丁目1番1号
電　　　話：092-932-0044
設　　　立：1956（昭和31）年
建 築 面 積：約30㎡
収 蔵 点 数：――
開　館　日：団体客の事前予約のみ開館
入　館　料：無料
バリアフリー：なし

1. 設立経緯

重要文化財や県指定の文化財などの他、古文書や神楽の衣装や面など多くの資料があり、これらの貴重な資料を収蔵する為、宇美町によって建設され宇美八幡宮に寄付された。

2. 所蔵品と展示の概要

主な文化財としては重要文化財に指定されている、筑前国四王寺阯経塚群出土品と県指定文化財の聖母宮神像がある。

重要文化財である筑前国四王寺阯経塚群出土品や県指定文化財である聖母宮神像、その他古文書などが収蔵されている様子であるが、残念ながら一般への公開は行っていない。建物の形状から公開が目的の博物館としての宝物殿では無く、資料保存の為の収蔵庫であると考えられる。

櫛田神社・博多歴史館

くしだじんじゃ・はかたれきしかん

所　在　地：〒812-0026
　　　　　　福岡市博多区上川端町 1-41
電　　　話：092-291-2951
設　　　立：――
建　築　面　積：――
収　蔵　点　数：――
開　館　日：月曜日以外
　　　　　（祝日の場合は翌日・正月、大祭期間中除く）
　　　　　10 時～17 時（入館は 16 時 30 分）
入　館　料：一般 300 円・大高校生 200 円・小中学生 150 円

1. 設立経緯

　櫛田神社は、博多の総氏神様としては最古の歴史を有する。多くの兵火によって荒廃していたが、博多復興のために天正 15（1587）年に太閤豊臣秀吉によって現在の社殿の建立寄進がなされた。このような経緯があって、博多歴史館には豊臣秀吉に関する資料が数多く収められまた、博多の伝統行事（博多節分、博多どんたく、博多祇園山笠、博多おくんち）に関する資料も収められている。

2. 所蔵品と展示の概要

　櫛田神社の数多い社宝のうち、歴史的・民族資料としても価値の高いものを厳選して展示している。主な展示品としては、櫛田神社と縁の深い豊臣秀吉に関する資料の法文書や朱印状を展示している。また、博多の伝統行事に関する「博多松囃子記」、「松囃子山笠記録」、「山笠記」などの記録類の他、古代山笠六本の復元展示は博多人形師らの誇り高い伝統山笠の粋美を伝えている。

3. 刊行物

　リーフレット、各種刊行物

4. その他

　櫛田神社境内には、豊臣秀吉が博多復興の際に瓦礫を塗り込んで作られた博多べい（移築）や飾り山笠が常設してある。

高良大社・宝物殿
こうらたいしゃ・ほうもつでん

所　在　地：〒839-0851 久留米市御井町1番地
電　　　話：0942-43-4893
設　　　立：――
建　築　面　積：――
収　蔵　点　数：約50点
開　館　日：要確認
入　館　料：無料
バリアフリー：入口にスロープあり

1. 設立経緯

　高良大社が位置する高良山は多くの神社仏閣が建つ信仰の地であり、歴史も大変古く、多くの歴史的に貴重な文書や、絵画などの資料が集まっている。また、古墳なども発掘されており考古資料も収集されていた。高良大社の社宝や歴史資料を展示し高良山の資料も合わせて収蔵するために、宝物館の建設が計画されたと推測する。

2. 所蔵品と展示の概要

　主な所蔵品として、重要文化財に指定されている紙本墨書平家物語や、県指定文化財絹本著色高良大社縁起、高良大社所蔵文書がある。

　これらの指定文化財の他に、高良山等から発見され奉納された考古資料や高良玉垂宮縁起絵、幟旗や旗さしもの等が展示されている。その他に、絵馬や神楽の面など高良大社の資料などを展示している。

　絹本著色高良大社縁起など、資料が大きく貴重なものはハイケースに収められ、他の貴重資料もガラスケースにて展示している。更に貴重資料にはキャプションと解説が付されている。絵馬や神楽面などの木製の資料はケースに入っておらず、間近で観賞することが出来る。

太宰府天満宮・菅公歴史館

所　在　地：〒818-0195 太宰府市宰府 4-7-1
電　　　話：092-922-8225
設　　　立：1973（昭和48）年
建 築 面 積：1,323㎡（鉄筋コンクリート建築）
収 蔵 点 数：200点
開　館　日：火曜日以外（9:00～16:30）
入　館　料：200円
そ　の　他：登録博物館・（財）日本博物館協会加入

1. 設立経緯

　太宰府天満宮・菅公歴史館は昭和29（1954）年に宝物殿別館として開館し、太宰府天満宮の御祭神である菅原道真公の一生を装着博多人形（博多人形に衣装を着せたもので、今は製作されてない博多人形の古い手法である）で表した展示であり、菅原道真公の歴史と天神人形、玩具、絵馬などから各地の天神信仰を伝えるための展示施設である。

2. 所蔵品と展示の概要

　菅公歴史館では菅原道真公の一生を博多人形を用いたジオラマ展示となっている。16の場面から構成されており、この博多人形の製作には置鮎琢磨氏、西頭哲三郎氏があたられた。また、その他の展示品では「神牛像」（県文化財指定）や全国の天神人形、絵馬、玩具などの展示もされている。

3. 刊行物

『新菅家御伝』、『天神さまと二十五人』、「つくし風土記」

太宰府天満宮・宝物殿
だざいふてんまんぐう・ほうもつでん

所　在　地：〒818-0195 太宰府市宰府 4-7-1
電　　　話：092-922-8225
設　　　立：1928（昭和3）年
建 築 面 積：1,323㎡（鉄筋）
収 蔵 点 数：30,000 点
開　館　日：月曜以外（9:00 ～ 16:30）
入　館　料：一般 300 円
　　　　　　大高校生 200 円・小中学生 100 円
そ　の　他：登録博物館（昭和 28 年 6 月）（財）日本博物館協会加入

1. 設立経緯

　太宰府天満宮・宝物殿は昭和 3（1928）年に、当宮の御祭神菅原道真公御神忌 1025 年大祭を記念して歴史・信仰などに関する総合文化施設として創建された。さらに平成 4（1992）年 2 月 26 日には、御神忌 1090 年、御本殿再建 400 年記念大祭事業の一環として宝物殿を全面改装し開館した。御祭神菅原道真公を信仰の対象とする天神信仰の広がりに重点を置き、信仰の証である数々の宝物を展示・収蔵し、貴重な文化遺産として後世に伝えることを目的としている。

2. 所蔵品と展示の概要

　宝物殿の展示構成は、①ガイダンスルーム、②第一展示室、③第二展示室、④第三展示室、⑤ミュージアムショップとなっている。ガイダンスルームでは映像により当宮の成立や天神信仰の歴史史跡を案内する。第一展示室では漆工芸品や武具などの資料を展示し、「翰苑」（国宝）、「華瓶」（県文化財）などがある。第二展示室では、菅原道真公の遺品をはじめ天神信仰を中心とした関連書画類を展示し、「毛抜形太刀」（重要文化財）、「菅公坐像」なども展示している。第三展示室では、天満宮の祭事資料の展示やアートギャラリーとしても使用されている。

3. 刊行物

　「大宰府・太宰府天満宮史料」1 ～ 17 巻、図録「太宰府天満宮」、「天神信仰と先哲」、各種刊行物

4. その他

　大宰府並びに天満宮の調査研究のために文化研究所を併設している。主に宝物殿所蔵の書画、工芸品を調査・研究対象としており、ミュージアムショップで頒布されている「大宰府・太宰府天満宮史料」は文化研究所が編纂したものである。

東郷神社・宝物館
とうごうじんじゃ・ほうもつかん

所　在　地：〒811-3307 福津市渡 1815-1
電　　　話：0940-52-0027
設　　　立：1970（昭和45）年
建 築 面 積：93.39㎡（鉄筋コンクリート平屋造）
収 蔵 点 数：50,000 点
開　館　日：見学希望時に随時（9:00～16:00）
入　館　料：100 円

1. 設立経緯
　東郷神社の御祭神である東郷平八郎元帥の連合艦隊司令長官としての日露戦争における偉業に感銘を受けた安部正弘が大正11（1922）年から50年の歳月をかけて多くの人々の賛同と後援を受け、日本海海戦古戦場を見渡すこの地に東郷元帥の偉業を伝える宝物館を設立した。

2. 所蔵品と展示の概要
　宝物殿には東郷元帥の遺品や遺墨等の資料が展示されており、また日本海海戦当時の参謀である秋山真之の手紙や沖之島号の写真、「海軍大尉階級章」（寄贈）などが展示されている。その他、東郷元帥と宝物殿創建者との縁・交流文書や旗艦三笠の主砲・砲弾、明治の将星の書なども展示され、日露戦争当時の様子を知ることができる。

3. その他
　東郷神社の近くには東郷公園があり、日本海海戦紀念碑や日本海海戦図（銅版製）がある。

筥崎宮・宝物館
<small>はこざきぐう・ほうもつかん</small>

所　在　地：〒812-0053 福岡市東区箱崎1-22-1
電　　　話：092-641-7431
設　　　立：──
建 築 面 積：──
収 蔵 点 数：──
開　館　日：──
入　館　料：──

1. 設立経緯
　筥崎宮は、御祭神を応神天皇とする古来より筑前国に鎮座する由緒ある大社である。

　古伝によれば、延喜年間（901～923）に、筑前穂波宮から箱崎の地へと遷御され、延長元（923）年に筥崎宮社殿が創建されたとある。『延喜式神名帳』にも「八幡大菩薩筥崎宮」と記載されていることからも明白の通り延喜式内社である。文治元（1185）年には石清水八幡宮の別宮となり、近世初頭に至るとある。

　かくの如く歴史のある社であることから、各地の有力者の崇敬を集め奉納品も多数所蔵する。

　これらの神宝や神社由来の関係文書の永世保存・収蔵を主目的として筥崎宮宝物館は設立された。設立年は詳らかではなく、一般展示を行ってはいないが、現在でも神職が施設の維持と資料保存に当たっている。

2. 所蔵品と展示の概要
　神社が有する歴史に関しての収蔵庫型の展示が基本となる。

　筥崎宮が所蔵するものとして最も著名なものは「敵国降伏」宸翰がある。その他、菱田青完筆『蒙古襲来絵詞模本』も歴史資料としても美術資料としても貴重なものである。その他、神社の由緒縁起を記した『筥崎八幡宮縁起』や周防長門一帯を領していた大内義隆和歌懐紙、豊臣秀吉和歌短冊なども特筆すべき所蔵品である。また、新たな収蔵品として、現在福岡市博多区東公園内に立つ亀山上皇銅像の原形となる木彫尊像がある。作者は明治時代の彫刻界を代表する山崎朝雲で、福岡県の指定文化財となっている。

3. 刊行物
　『筥崎宮－由緒と宝物』など

英彦山神宮・英彦山修験道館

ひこさんじんぐう・ひこさんしゅげんどうかん

所　在　地：〒824-0721 田川郡添田町大字英彦山
電　　　話：0947-85-0378
設　　　立：1987（昭和62）年
建 築 面 積：――
収 蔵 点 数：――
開　館　日：火曜日～日曜日
入　館　料：一般 210 円
　　　　　　大高校生 210 円・小中学生 100 円

1. 設立経緯

　英彦山は古来より、出羽羽黒山や大和大峰山と共に、日本三大修験の霊山として信仰を集めてきたが、明治維新の神仏分離により、英彦山は修験道の山から神体山として祀られるようになった。

　しかし、英彦山では永い間人々の中に息づいていた修験道の歴史、そして信仰がある。そのような人々の英彦山信仰の歴史は、英彦山神宮や山内で大切に保管されてきた。さらに遺跡からの発掘資料も充実しており、英彦山修験の歴史を知ってもらうために、英彦山修験道館が設立されるに到った。

2. 所蔵品と展示の概要

　主な所蔵品として、重要文化財指定の彦山権現御正体（掛仏）・修験板笈・金銅如来立像のほかに銅製経筒などがある。関連施設として、英彦山小学校の跡地利用として平成17（2005）年に設置された山伏文化財室がある。施設はスロープカーの駅の中にあり、施設内にはほかに「オープンギャラリーひこさん」と名づけられた手工芸、絵画などの展示を行うなどの地域交流の場もある。主に天狗面や鬼面、金剛杵、輪宝など山伏修験道にまつわる資料を展示している。

3. 刊行物

　特になし

宮地嶽神社・民家村自然広苑

みやじだけじんじゃ・みんかむらしぜんこうえん

所　在　地：〒811-3309 福津市宮司元町 7-1
電　　　話：0940-52-0016
設　　　立：1974（昭和49）年 2 月
建 築 面 積：――
収 蔵 点 数：――
開　館　日：原則無休（9:00～17:00）
入　館　料：無料

1. 設立経緯

　民家村自然広苑には、四季折々の花と木々に囲まれた中に古式ゆかしい和の佇まいをとどめる民家がある。全国各地の滅びゆく貴重な民家を残そうという経緯から、民家を移築復元したものである。

2. 所蔵品と展示の概要

　民家村自然広苑には、合計 5 棟の民家が移築復元されている。「合掌造り民家」（富山県東礪波郡利賀村）、「くど造り民家」（佐賀県杵島郡白石町）、「高床式平柱小屋」（長崎県下県郡椎根）、「二棟造り民家」（熊本県菊池郡泗水町）、「鉤屋造り民家」（福岡県小郡市大坂井）の 5 棟である。これらの民家の中に入って内部を見学することも可能である。さらに広苑内には様々な花があり、1 月には開運桜、2 月には寒緋桜、3 月にはホウキモモ、4 月にはなんじゃもんじゃ、ツツジ、藤、八重桜、ソメイヨシノ、牡丹、5 月には江戸菖蒲、6 月にはアジサイが咲き、伝統的な民家ととどめ自然と共に息づく日本の原風景を表している。

3. 刊行物

　特になし

4. その他

　宮地嶽神社には丸塚古墳という古墳があり、地下の正倉院と称される日本最大級の巨石古墳と言われている。ここは日本最大級の横穴式石室を有しており、刀装具・馬具等約 300 点が出土し、その内 20 点は国宝に指定されている。またこの宮地嶽古墳は平成 17（2005）年 3 月 2 日に国の指定史跡になった。また、宮地嶽神社には「宮ZOOまきば」という動物園があり、動物達が草をはむ日本の原風景が再現されている。

宗像大社・神宝館
むなかたたいしゃ・しんぽうかん

所　在　地：〒811-3505 宗像市田島2331
電　　　話：0940-62-1311
設　　　立：1980（昭和55）年11月
展 示 面 積：――（鉄筋建築・地上3階建て）
収 蔵 点 数：約80,000点
開　館　日：原則無休（9:00～16:30）
料　　　金：大人500円
　　　　　　大学・高校生400円・中学生以下200円

1. 設立経緯

　宗像大社沖津宮のある玄界灘の沖ノ島祭祀遺跡から出土した考古資料「沖ノ島神宝」をはじめ、伝来の社宝や旧宗像郡内の文化財を展観収蔵のため設立。当初、宗像神社復興期成会会長出光佐三氏が、昭和34（1959）年6月に建設奉納したコンクリート製平屋建物の「社宝収蔵庫」に収蔵。その後復興期成会による沖ノ島祭祀遺跡学術調査の進展を経て、当社が文化財管理団体の指定を受けたため、国庫・県費の補助に加えて、昭和37年7月より復興期成会（出光泰亮代表）・海洋神事奉賛会（久保輝雄・宗像大社宮司）が中心となり寄付金を募り、昭和39年に「宗像郡重要文化財共同収蔵庫（宝物館）」を建設。さらに、全国各地の崇敬者の浄財をもとに、昭和55年に現在の「神宝館」を新築。現在、専属の学芸員2名が運営を担当している。

2. 所蔵品と展示の概要

　1階展示室は宗像氏一族に関する資料、2階展示室は沖ノ島の祭祀遺跡群出土資料、3階展示室は宗像大宮司家伝来古文書類が展示されている。
　所蔵品の最大の特徴は、古墳時代から古代にかけての沖津宮祭祀遺跡群出土資料であり、約80,000点が一括して国宝に指定されている。日本国内でもっとも多数の国宝を保有する神社博物館である。金銅龍頭・金銅高機・銅鏡・唐三彩・滑石製模造品・馬具などが代表的である。そのほかにも、平安時代～江戸時代にかけての宗像神社文書（国指定重要文化財）・阿弥陀経石（国指定重要文化財）・石造狛犬（国指定重要文化財）・藍韋威肩白胴丸（国指定重要文化財）などの多数の重要な文化財を所蔵・展示している。

3. 刊行物

　『宗像大社宝物館』、『宗像大社宝物館報』、『「海の正倉院」沖ノ島：宗像大社神宝館沖ノ島大国宝展記念』

※神宝館外観写真は、宗像大社ホームページより転載させて頂きました。

40. 佐賀県

祐徳稲荷神社・祐徳博物館

所　在　地：〒849-1321 鹿島市古枝乙 1686
電　　　話：0954-62-2151
設　　　立：1955（昭和 30）年 2 月
建 築 面 積：633㎡（鉄筋建築・平屋建て）
収 蔵 点 数：約 2,500 点
開　館　日：原則無休（9:30 ～ 16:30）
入　館　料：大人 300 円
　　　　　　大高生 200 円・小中学生 100 円
そ　の　他：登録博物館、(財) 日本博物館協会加盟
バリアフリー：スロープ 2 基、車椅子 3 台

1. 設立経緯

　昭和 30（1955）年 2 月に、社会教育ならびに学校教育の向上に貢献することを目的に、祐徳神社所蔵の宝物や佐賀県下出土考古資料などの郷土資料を展示する祐徳博物館を設立。昭和 32（1957）年 3 月に佐賀産業観光博覧会の施設として建築された美術館を神社が引き継ぎ、さらに博物館の内容を充実させた。

2. 所蔵品と展示の概要

　祐徳稲荷神社の宝物と郷土資料のほかに、鹿島藩鍋島家ゆかりの品（祐徳院殿遺物・歴代藩主の鎧）も多く、9 代藩主鍋島直彜夫人が考案した、和紙に金銀箔を織り込んだ鹿島錦（佐賀錦）の小物や図案集等が特徴的である。県指定文化財：太刀（「備州長船康光」銘）、鹿島藩鍋島家史料、考古資料：約 2,000 点、刀剣類：25 点、工芸品：180 点（鹿島錦関係 25、能面 35、板木・木造肖像 120）、陶磁器：50 点、絵画（書画含む）：150 点、旧藩時代の什器その他（鎧 14 含む）：30 点、祐徳院殿遺品（調度品ほか）：40 点、その他（古鏡など）：50 点が、主要な所蔵資料である。また、武雄周辺の陶芸家の作品を集めた『武雄陶芸展』も毎年開催している。

3. 刊行物

　『鹿島藩日記』（1 ～ 5 巻）

※祐徳博物館外観写真は、祐徳稲荷神社ホームページより転載させて頂きました。

41. 長崎県

厳原八幡宮神社・宝物殿
<small>いずはらはちまんぐうじんじゃ・ほうもつでん</small>

所　在　地：〒817-0013 対馬市厳原町中村445-1
電　　　話：0920-52-0073
設　　　立：1978（昭和53）年5月
建 築 面 積：75㎡（鉄筋建築・平屋建て）
収 蔵 点 数：――
開　館　日：事前予約制
入　館　料：300円

1. 設立経緯

昭和53（1978）年に、伝来の社宝を保存公開する施設として設立。現在、神職が運営を兼務している。

2. 所蔵品と展示の概要

当社の社名は、神功皇后が「新羅征伐」際に持ち帰った「御旗八流」を当地に残した伝承に由来する。その八流の中二流に幡鈴があり、神宝として今に伝わる。そのほかに、室町時代の源氏車散文和鏡の他、正保2（1645）年に一括奉納された円鏡、奉納刀などの社宝を収蔵公開する。

なお、境内には絵馬堂も存在する。

海神神社・宝物殿

<small>かいじん（わたつみ）じんじゃ・ほうもつでん</small>

所　在　地：〒817-1303 対馬市峰町木坂24
電　　　話：0920-83-0137
設　　　立：不明
建 築 面 積：――（鉄筋建築・高床1階建て）
収 蔵 点 数：――
開　館　日：事前予約制
入　館　料：200円

1. 設立経緯
海神神社奉納伝来文化財の保存公開施設として設立。現在、神職が運営を兼務している。

2. 所蔵品と展示の概要
統一新羅時代の銅製如来立像（国指定重要文化財）、高麗青磁、銅矛、銅鏡、木製狛犬などを収蔵公開する。

3. その他
同社弥勒堂出土遺物は、現在対馬市峰町歴史民俗資料館に収蔵・展示されている。

42. 熊本県

青井阿蘇神社・文化苑
（あおいあそじんじゃ・ぶんかえん）

所　在　地：〒 868-0005 人吉市上青井町 118
電　　　話：0966-22-2274
設　　　立：2010（平成 22）年
建 築 面 積：敷地面積約 3300㎡（庭園全体を含む）
収 蔵 点 数：約 100 点（展示総数）
開　館　日：9:00 〜 17:00（月曜休館）
入　館　料：無料

1．設立経緯
　青井阿蘇神社文化苑は、青井阿蘇旧大宮司家の敷地全体を用いた展示施設である。旧大宮司家の敷地は大正 10 年頃に青井阿蘇神社の手から離れていたが、2010 年 4 月に神社が土地を再取得し、旧大宮司家邸宅・庭園を含めた展示施設として整備し開館された。

2．所蔵品と展示の概要
　展示ゾーンは好古蔵・集古蔵・尚古蔵の三つの蔵を転用して作られた展示スペースと、大宮司家の旧邸宅を展示施設へ転用した「継承殿」の 4 つに分かれており、旧大宮司家の庭園全体を利用して展示されている。
　好古蔵には、吉田神道の教義によって作られた「唯一神道護摩壇」が展示されている。この護摩壇は制作年代は慶長年間とされ、神社が所蔵するものとしては最も古い護摩壇といえる。
　集古蔵には、懸仏十数点と、五色の龍神、神札と版木が展示されている。特に目を引く展示物は全長 1 m を超える懸仏である。廃仏毀釈によって中央の仏像は失われているが、ここまで大型の懸仏が現存しているのは稀である。

　継承殿は、旧大宮司邸宅を現在に伝える為、家具を含めた展示・保存がされている。また、明治 10 年（1877）に起こった西南戦争の薩軍側詰所としてこの邸宅が利用されたことから、西南戦争関連の展示も行われている。

菊池神社・歴史館
きくちじんじゃ・れきしかん

所　在　地：〒861-1331 菊池市隈府1257
電　　　話：0968-25-2549
設　　　立：1920（大正9）年
建 築 面 積：約80㎡（創建時の建築面積）
収 蔵 点 数：――
開　館　日：原則無休（9:00～17:00）
入　館　料：一般300円
　　　　　　大高校生200円・小中学生100円

1. 設立経緯

　菊池神社の主祭神は菊池氏第12代当主武時公、同13代武重公、同代15代武光公である。神社の創建は、皇室に忠義を尽くした菊池一族の遺徳を顕彰するため、明治天皇が熊本藩に命じて慶応4（1868）年に造営が開始され、明治3（1870）年に菊池城本丸址に社殿が完成した。

　菊池神社歴史館は、神社創建50周年にあたる大正9（1920）年に祭神である菊池氏の遺徳と関係資料を後世に保存・伝承し、一般に広く公開することで崇敬者の理解と、神道教化の涵養を目的として設立された。

2. 所蔵品と展示の概要

　展示テーマは、祭神である歴代菊池氏関連資料の展示が主たるものである。主な展示物としては、「第22代菊池能運公画像」（国指定重要文化財）・菊池家憲「寄合衆の内談の事」（国指定重要文化財）・「菊池武時公武者絵」・「菊池千本槍」・「蒙古襲来絵詞」などがある。

　菊池氏関連展示以外にも、木造僧形男神坐像などの神仏交渉史に関わる資料。アジア太平洋戦争で戦死した松尾敬宇中佐関連資料なども展示されている。

3. 刊行物

リーフレット

櫻山神社・神風連資料館
<small>さくらやまじんじゃ・しんぷうれんしりょうかん</small>

所　在　地：〒860-0862
　　　　　　熊本市中央区黒髪5-7-60
電　　　話：096-343-5504
設　　　立：1978（昭和53）年
建 築 面 積：66㎡
収 蔵 点 数：800点
開　館　日：――
入　館　料：大人300円・中高生200円・小学生100円

1. 設立経緯

　櫻山神社は主祭神である天照大御神・豊受大神のほか、林櫻園ほか明治維新の志士および神風連の烈士を祀る神社である。神風連資料館は、明治9（1876）年10月24日神風連の変の遺族からの遺品を収蔵し、後世まで林櫻園・太田黒伴雄をはじめとする170余名の祭神の勤王の心を後世に伝えることを目的に昭和53（1978）年に設立された。

2. 所蔵品と展示の概要

　現代社会で欠けているとされる「国を想う日本人としての心」を、林櫻園の和歌や戦場の錦絵、志士たちの遺品を展示することによって理解することを目的とする。

43. 大分県

宇佐神宮・宝物館
うさじんぐう・ほうもつかん

所　在　地：〒872-0102 宇佐市南宇佐 2859
電　　　話：0978-37-0001
設　　　立：1985（昭和 60）年 10 月 6 日
延床面積：2,323.5㎡
　　　　　　（鉄筋コンクリート一部鉄骨造平屋建）
収蔵点数：約 100 点
開　館　日：火曜日以外（9:00～16:00）
入　館　料：大人 300 円・中高生 200 円・小学生 100 円

1. 設立経緯

　宇佐神宮は、全国 4 万余社ある八幡社の総本宮であり、応神天皇の神徳を八幡神として称える八幡信仰は、仏教文化と神道とが融合して形成されたと考えられ、宇佐神宮の神事・祭会・建造物・宝物等にその具現化した姿を現している。宇佐神宮宝物館は、第 253 回の勅使奉幣祭を斎行するにあたり、記念事業として昭和 60（1985）年 10 月 6 日に設立された。

2. 所蔵品と展示の概要

　代表的所蔵資料として、石清水八幡宮別当法印権大僧都祐清奉納「孔雀文磬」（承元 3（1209）年国宝）、朝鮮鐘「銅鐘」（延喜 4（904）年、国指定重要文化財）、「木造神像」（平安時代、国指定重要文化財）、「宇佐宮造営図」（鎌倉・室町時代、国指定重要文化財）、「宇佐宮神領大鏡」（鎌倉時代前期、国指定重要文化財）、懐良親王奉納「白鞘入剣」（正平 13（1358）年国指定重要文化財）、「神息」（鎌倉時代、国指定重要美術品）、「八幡宇佐宮御託宣集」（応永 26（1419）年大分県指定有形文化財）、「神輿」（応永 27 年大分県指定有形文化財）、「宇佐宮古図」（室町時代、大分県指定有形文化財）があり、宇佐神宮関係の国指定文化財、県指定文化財等数百点の文化財を収蔵し、展示公開している。

　なお、宇佐神宮の祈祷殿地下には、「宇佐神宮絵画館」があり、宇佐神宮の歴史や弓削道鏡事件を描いた絵画が 30 点程展示されている。

3. 刊行物

　リーフレット「宝物館説明書」

八幡奈多宮・宝物殿

はちまんなたぐう・ほうもつでん

所　在　地：〒873-0032 杵築市奈多 229
電　　　話：0978-63-8088
設　　　立：1974（昭和49）年
建 築 面 積：24㎡
収 蔵 点 数：約40点
開　館　日：電話にて要相談
入　館　料：無料

1. 設立経緯

　八幡奈多宮は比売大神・応神天皇・神功皇后を御祭神とする、宇佐神宮の別宮として深い関係を持つ神社である。朝廷から宇佐神宮へ献進された神宝等は、後に八幡奈多宮へ奉送されている。奈多宮宝物殿は昭和49（1974）年に宝物を収蔵するために建立された。現在、神職が運営を兼務している。

2. 所蔵品と展示の概要

　行幸会の折に奈多宮に遷されたといわれている、もと宇佐宮の御神体「木造八幡三神像」（12世紀前半、国指定重要文化財）をはじめ、宇佐弥勒寺僧神咋が編纂した「宇佐八幡御託宣集」（鎌倉時代、大分県指定有形文化財）、「縁記箱」（康正2（1456）年大分県指定有形文化財）、「陣道面」（応保2（1162）年大分県指定有形文化財）等、多数の文化財を収蔵展示している。

柞原八幡宮・宝物殿
ゆすはらはちまんぐう・ほうもつでん

所　在　地：〒870-0808 大分市大字 987 番地
電　　　話：097-534-0065
設　　　立：1974（昭和 49）年
建 築 面 積：96㎡
収 蔵 点 数：20 点以上
開　館　日：予約制（正月三が日は開館）
入　館　料：中学生以上 300 円・小学生以下 100 円

1. 設立経緯

　柞原八幡宮本殿の南に立つ宝物殿は、昭和 49（1974）年に、神社の宝蔵に収蔵されていた文化財を保存公開するために設置された。現在、神職が運営を兼務している。

2. 所蔵品と展示の概要

　主な所蔵資料として、太刀「国宗」（鎌倉時代中期、国指定重要文化財）、「源国」（鎌倉時代末期、国指定重要文化財）、「薙刀直し刀」（鎌倉から吉野朝時代、国指定重要文化財）、「銅像仏像」（奈良時代前期、国指定重要文化財）、甲冑「金白檀小札浅葱糸威腹巻」（室町時代末期、国指定重要文化財）、「柞原八幡宮文書」（平安時代から元和 3（1617）年国指定重要文化財）、「木造不動明王立像」（鎌倉時代、大分県指定重要文化財）、「木造女神坐像」（平安時代中期、大分県指定重要文化財）等があり、柞原八幡宮発展の姿を物語っている。

44. 宮崎県

青島神社・日向神話館
あおしまじんじゃ・ひゅうがしんわかん

所　在　地：〒889-2162
　　　　　　宮崎市青島2丁目13番1号
電　　　話：0985-65-1262
設　　　立：2000（平成12）年1月
建 築 面 積：440㎡（鉄筋建築・平屋建て）
収 蔵 点 数：——
開　館　日：原則無休　8:00～17:00
　　　　　　（～18:00・夏季）
入　館　料：大人600円・中高生400円・小学生300円

1. 設立経緯

「海幸・山幸」神話の舞台の地であることに因んで、青島神社の境内に日本で初めての神話専門の展示施設「日向神話館」を開設した。

2. 所蔵品と展示の概要

日向の地への天孫降臨から、海幸・山幸の物語、そして神武天皇による大和平定までを、30体の等身大蝋人形と12の場面で再現しジオラマ展示している。各情景は、「第1景 天照大神」、「第2景 木花開耶姫出産」、「第3景 海幸彦・山幸彦」、「第4景 海神の宮」、「第5景 湯津杜樹の上で」、「第6景 海神と山幸彦」、「第7景 山幸彦と豊玉姫」、「第8景 赤女（鯛）と釣針」、「第9景 海神の宮を後に」、「第10景 海幸彦、山幸彦に従う」、「第11景 豊玉姫出産」、「第12景 神武天皇、大和平定」となっている。

また、元巨人軍の長嶋監督と日向之国七福神の蝋人形も合わせて特別展示しており、宮崎を目で楽しめるアミューズメント・ミュージアムとなっている。

※外観写真は、青島神社ホームページより転載させて頂きました。

天岩戸神社・徴古館

あまのいわとじんじゃ・ちょうこかん

所　在　地：〒882-1621
　　　　　　西臼杵郡高千穂町天岩戸 1073-1
電　　　話：0982-74-8239
設　　　立：1957（昭和 32）年
建 築 面 積：102㎡（鉄筋建築・平屋建て）
収 蔵 点 数：2,000 点
開　館　日：原則無休（8:30 ～ 17:00）
入　館　料：150 円

1. 設立経緯

　昭和 32（1957）年当時収集されていた 970 点の考古学資料の町外流出を防ぐため、神社が購入、併せて展示施設を設けたのが設立の経緯であり、当初の建物は木造建築であった。現在の建物は昭和 44（1969）年に建てられた鉄筋コンクリート神明造の施設である。

2. 所蔵品と展示の概要

　展示資料は収集した考古資料 970 点のほか、岩戸地域内から表面採集された土器、石器などの寄託品と陶器類、大正天皇遺品、日露戦争戦没者遺品、菊花石、孔雀石など併せて 2,000 点が展示されている。展示品の主なものとして、石鏃が最も多く 516 点、勾玉、管玉、丸玉、小玉などの装身具 123 点、土器類 209 点、石斧 120 点、そのほか石匙、石槍、礫器など石器類が多いのが特徴である。なかでも三田井陣内遺跡出土の女性土偶胸部、吾平・吾平原古墳群出土のものと思われる玉類がある。豊富な石鏃は、宮崎県総合博物館に保管展示されている高千穂町出土品、高千穂高等学校収集資料とともに、古代高千穂地方の貴重な学術資料といえる。

　また小中学校の社会科の授業に資するために旧石器時代や縄文時代などの時代ごとに解説パネルを設置している。

榎原神社・宝物資料館
よわらじんじゃ・ほうもつしりょうかん

所　在　地：〒889-3214
　　　　　　日南市南郷町大字榎原甲1134-4
電　　　話：0987-68-1028
設　　　立：1982（昭和57）年
建 築 面 積：49.5㎡（木造建築・平屋建て）
収 蔵 点 数：90余点
開　館　日：社務所に申込制
入　館　料：無料

1. 設立経緯

旧榎原村に生まれ、株式会社淀川製鋼所社長、後に地元の酒造会社井上酒造社長となった井上利行氏の寄進により設立した。建物は明神造り、瓦葺で、木造であるものの防火用にモルタルリシン吹き付けを行っている。

2. 所蔵品と展示の概要

神社は万治元（1658）年に内田万壽姫の進言により、飫肥三代藩主伊東祐久が鵜戸神宮の分霊を祀ったものであるため、宝物資料館には万壽姫が使ったと思われる巫具や伊東家の寄進の品々が収蔵展示されている。主な展示物として、新女の冠、茶弁当、万寿姫御肖像、千早、佑福の彫刻、願文、島津忠廣像などがある。

また境内には、昭和54（1979）年5月11日に県指定有形文化財建造物第一号となった鐘楼や樹齢600年余の巨木、夫婦楠がある。

45. 鹿児島県

いぶすきじんじゃ・ほうもつでん
揖宿神社・宝物殿

所　在　地：〒891-0404 指宿市東方733
電　　　話：0993-22-4052
設　　　立：1971（昭和46）年
建 築 面 積：50㎡（鉄筋建築・平屋建て）
収 蔵 点 数：2,000点
開　館　日：原則無休（8:30～17:00）
入　館　料：大人100円・小人50円

1. 設立経緯
　神社開設以来、歴史を重ねて来た収蔵品の数々を保存公開するために設立された。

2. 所蔵品と展示の概要
　提示型の展示で、主な所蔵品には室町中期の作とされる県重要有形文化財指定の尉面・姫面・狂言面があり、同種のものが日光二荒山神社に収蔵されているほかは、九州では他に類がない逸品である。ほかに唐銅製の花瓶、社殿造り替えの棟札、島津斉興奉献の扁額などがある。

3. 刊行物
「宝物殿拝観のしおり」

かごしまけんごこくじんじゃ・いとくけんしょうかん
鹿児島県護国神社・遺徳顕彰館

所　在　地：〒890-0014 鹿児島市草牟田2-60-7
電　　　話：099-226-7030
設　　　立：1968（昭和43）年
建 築 面 積：約100㎡（鉄筋建築・平屋建て）
収 蔵 点 数：数十点
開　館　日：社務所に申込制（8:30 ～ 16:30）
入　館　料：無料

1. 設立経緯
鹿児島県に縁のある幕末以来の戦没者の遺品や遺影等を保存公開する施設として設立した。

2. 所蔵品と展示の概要
祭神となる遺影の他に、ドイツ虎戦車一型の極初期型転輪や硫黄島の砂、機関銃などの銃器類の奉納品も保存公開されている。

かごしまじんぐう・ごしんこ
鹿児島神宮・御神庫

所　在　地：〒899-5116 霧島市隼人町字内2496-1
電　　　話：0982-74-8239
設　　　立：1934（昭和9）年
建 築 面 積：――（木造建築・平屋建て）
収 蔵 点 数：数十点
開　館　日：非公開
　　　　　　（7月7日のみ一部宝物を一般公開）
入　館　料：――

1. 設立経緯
　神庫はあくまでも宝物の保存収蔵を目的に建てられたもので、上部校倉式の木造と下部コンクリート造を組み合わせた建物である。境内には七夕飾りの奉納があり、この七夕祭に併せて神宝の潮満珠潮干珠以外の宝物数十点を、風入れのため別施設にて展示している。

2. 所蔵品と展示の概要
　祭神に因む神宝の宝玉潮満珠・潮干珠を初め、甲冑・古印・鏡・馬角・瑠璃屏風・青磁鉢・唐金花入その他がある。特に甲冑三領は国指定重要文化財に指定され、現在は鹿児島県歴史資料センター黎明館に出陳している。神宝の刀剣「銘　相州住秋廣」は同じく黎明館に出陳されているが、その他96点（国宝含む）は終戦時に押収されて未だに不明である。

3. 刊行物
　「鹿児島神宮史」

照國神社・照國文庫資料館

てるくにじんじゃ・てるくにぶんこしりょうかん

所　在　地：〒892-0841 鹿児島市照国町 19-35
電　　　話：099- 222-1820
設　　　立：1994（平成6）年
建 築 面 積：約 500㎡（鉄筋建築・三階建て）
収 蔵 点 数：約 130 点
開　館　日：原則無休（9:00 ～ 17 :00）
　　　　　　（但 12 月 31 日のみ休館）
入　館　料：無料
バリアフリー：スロープあり

1. 設立経緯

　島津斉彬公を鹿児島市の総氏神として祀る照國神社にあって、島津斉彬公の事績や人となりを中心に、奄美産砂糖専売などで藩財政を再建し維新事業の資金を築いた調所笑左衛門（広郷）など維新期の人物を紹介する施設として創設された。

2. 所蔵品と展示の概要

　解説パネルや年表、模式図などを用いた説示型の展示である。また、案内板や解説パネルは日本語の解説の下に英語、韓国語、中国語の翻訳も載せており、海外からの観光客にも対応した構成になっている。企画展を開催するスペースもある。

　主な所蔵品として島津斉彬公のローマ字の日記（複製）、島津斉彬公愛用の地球儀、島津斉彬公の銀板写真、孝明天皇宸筆和歌懐紙などがある。

九州　鹿児島県

南洲神社・西郷南洲顕彰館
なんしゅうじんじゃ・さいごうなんしゅうけんしょうかん

所　在　地：〒892-0851
　　　　　　鹿児島市上竜尾町2-1（南洲公園内）
電　　　話：099-247-1100
設　　　立：1978（昭和53）年7月1日
建 築 面 積：本館延床面積550㎡
　　　　　　　（鉄筋建築・2階建て）
　　　　　　別館230㎡
収 蔵 点 数：約500点
開　館　日：月曜以外（9:00～17:00）
　　　　　　12/29日～1/1を除く年末年始
　　　　　　入館料：一般200円
　　　　　　小中学生100円（20人以上団体2割引）

1. 設立経緯
　明治13（1880）年に、西郷隆盛公ら西南戦争の死者を埋葬した南洲墓地の隣に、参拝所として建てられた南洲神社に隣接している。昭和52（1977）年に行われた南洲翁没後百年記念事業として、昭和53年7月1日に開館した。開館直後に鹿児島市立となり、公益財団法人西郷南洲顕彰会が管理を受託している。建物は江戸城の開城にちなんで「城壁を開く」というテーマで設計された。

2. 所蔵品と展示の概要
　主として、西郷隆盛公の衣服・遺品・肖像画・直筆の書幅・漢詩文・西南戦争関資料・銃弾・旗・写真を所蔵している。1階部は10景のジオラマ展示を用いて隆盛公の生い立ちを分かりやすく再現し、映像ライブラリーにて「西郷隆盛の一生」（所要時間30分）、「西郷と大久保」（20分）を流すなどしている。2階部は主に隆盛公が参議時代から明治10年までの動きをジオラマ展示や遺品などの実物資料で紹介している。また、2階部で遺墨展・企画展コーナーを設け、幕末の偉人の墨跡を随時展示している。別館は展示室兼学習室となっている。

新田神社・宝物殿
にったじんじゃ・ほうもつでん

所　在　地：〒895-0065
　　　　　　薩摩川内市宮内町1935-2
電　　　話：0996-22-4722
設　　　立：1931（昭和6）年
建 築 面 積：50㎡（鉄筋建築・平屋建て）
収 蔵 点 数：数百点
開　館　日：非公開
　　　　　　（但、8月7日のみ事前申込にて見学可）
入　館　料：無料
関連博物館：薩摩川内市川内歴史資料館

1. 設立経緯

　基本的には非公開の収蔵施設であるが、一年に一度だけ8月7日の御宝物虫干祭の際に事前申込みにて見学が可能である。特殊神事として御神鏡清祭（みかがみすましさい）がある。この神事では、宝物殿の収蔵品である銅鏡70余面を神前に奉り、神事斎行の後、地元の幼稚園児が一面ごとに磨き清める式で、鏡のように曇りのない心の澄んだ健やかな子に成長するようにとの願いが込められている。所蔵資料を用いた特徴的な活動の一つである。

2. 所蔵品と展示の概要

　所蔵品は、古文書や銅印、祭典に使用される仮面や楽器・装束、奉納された絵馬、考古資料など多岐に及び、なかでも銅鏡は73面を有し、質的にも大変優れている。

　主な所蔵品として、国指定重要文化財の銅鏡「花鳥文様鏡」、「秋草蝶鳥鏡」、「柏樹鷹狩鏡」や古文書「新田神社文書九巻」、「新田神社文書一枚」がある。また、近隣の薩摩川内市川内歴史資料館に『新田神社文庫』が寄託されているなど、薩摩川内市川内歴史資料館が神社の公開施設的役割を一部担っている。

枚聞神社・宝物殿
<small>ひらききじんじゃ・ほうもつでん</small>

所　在　地：〒891-0603 指宿市開聞十町1366
電　　　話：0993-32-2007
設　　　立：1978（昭和53）年
建 築 面 積：約100㎡（鉄筋建築・平屋建て）
収 蔵 点 数：約130点
開　館　日：原則無休（8:00～17:00）
入　館　料：一般（高校生以上）100円
　　　　　　小人（中学生まで）50円・団体15名以上一人あたり50円

1. 設立経緯

　現在の本殿は、慶長15（1610）年に島津義弘が寄進し、天明7（1787）年に島津重豪が改築したものである。宝物殿は、昭和30年代に社務所の隣にあった収蔵施設を保存公開施設として、昭和53（1978）年に現在地に建て替えたものである。

2. 所蔵品と展示の概要

　宝物中、松梅蒔絵櫛笥一合は一名玉手箱とも称せられ、昭和2年に国宝指定され、現在は国指定の重要文化財である。この他、提示型展示を基本とし、島津義弘寄進と伝えられる鎧をはじめ、古鏡、二十四面の神楽面、神舞装束、古文書類、桃山屏風絵など多数の宝物が展示されている。

伊勢神宮・式年遷宮記念神宮美術館

出雲大社・宝物殿

住吉神社・宝物館

神田神社・神田明神資料館

編者紹介

青木　豊（あおき　ゆたか）
1951年　和歌山県橋本市生まれ。
　　　　　國學院大學文学部史学科考古学専攻卒
専門　博物館学・和鏡史
現在　國學院大學文学部教授　博士（歴史学）

主な著書
単著　『博物館技術学』『博物館映像展示』『博物館展示の研究』
　　　『集客力を高める博物館展示』（以上雄山閣）、『和鏡の分
　　　化史』（刀水書房）
編著　『史跡整備と博物館』『明治期博物館学基本文献集成』『人
　　　文系博物館資料論』『人文系博物館資料保存論』『人文系
　　　博物館展示論』『博物館学事典』（共編）『博物館学人物史
　　　⊕』（共編）『博物館学人物史⊛』（共編）（以上雄山閣）、『柄
　　　鏡大鑑』（共編・ジャパン通信社）
共著　『博物館ハンドブック』『新版博物館学講座1/博物館学概
　　　論』『新版博物館学講座5/博物館資料論』『新版博物館学
　　　講座9/博物館展示論』『新版博物館学講座12/博物館経
　　　営論』『日本基層文化論叢』『博物館危機の時代』（以上雄
　　　山閣）、『博物館学Ⅰ』『博物館学Ⅳ』（学文社）、『新編博
　　　物館概論』（同成社）他論文多数

本書は、小社より2013年12月に刊行した『神社博物館事典』の「第1部全国神社博
物館」を再編集して刊行するものである。
2019年5月25日　初版発行　　　　　　　　　　　　　　　《検印省略》

日本の神社博物館

編　者　青木　豊
発行者　宮田哲男
発行所　株式会社　雄山閣
　　　　〒102-0071　東京都千代田区富士見2-6-9
　　　　ＴＥＬ　03-3262-3231 / ＦＡＸ　03-3262-6938
　　　　ＵＲＬ　http://www.yuzankaku.co.jp
　　　　e-mail　info@yuzankaku.co.jp
　　　　振　替：00130-5-1685
印刷・製本　株式会社ティーケー出版印刷

©Yutaka Aoki 2019　　　　　　　ISBN978-4-639-02654-9 C0026
Printed in Japan　　　　　　　　　N.D.C.069　208p　21cm

雄山閣新刊のご案内

個性あふれる奈良のミュージアム53館！

奈良県のミュージアムについて、ガイドとなる基本情報はもちろんのこと、展示内容や関連史跡、近年の研究成果まで、詳しく解説。

松田真一 著

四六判並製・カバー/224頁
ISBN：978-4-639-02627-3
定価（本体価格2,000円＋税）

【掲載ミュージアム】

北和：東大寺ミュージアム／春日大社国宝殿／奈良国立博物館／寧楽美術館／興福寺国宝館／奈良県立美術館／奈良市写真美術館／奈良市史料保存館／杉岡華邨書道美術館／元興寺法輪館／奈良市埋蔵文化財センター／平城宮跡資料館／奈良大学博物館／松柏美術館／大和文華館／中野美術館／帝塚山大学附属博物館／生駒ふるさとミュージアム／柳沢文庫／奈良県立民俗博物館／シャープミュージアム／天理参考館／天理市立黒塚古墳展示館／法隆寺大宝蔵院／斑鳩文化財センター／安堵町歴史民俗資料館／山添村歴史民俗資料館

中和：唐古・鍵考古学ミュージアム／今井まちなみ交流センター華甍／橿原市立こども科学館／奈良県立橿原考古学研究所付属博物館／歴史に憩う橿原市博物館／奈良文化財研究所藤原宮跡資料室／橿原市昆虫館／桜井市立埋蔵文化財センター／喜多美術館／奈良県立万葉文化館／奈良文化財研究所飛鳥資料館／明日香村埋蔵文化財展示室／高松塚壁画館／キトラ古墳壁画体験館 四神の館／香芝市二上山博物館／葛城市歴史博物館／水平社博物館／三光丸クスリ資料館／宇陀市歴史文化館「薬の館」／大亀和尚民芸館

南和：市立五條文化博物館／賀名生の里 歴史民俗資料館／吉野歴史資料館／森と水の源流館／天川村立資料館／十津川村歴史民俗資料館

雄山閣新刊のご案内

中国の博物館を詳細に調査し、考察する初めての論集。

増加の一途をたどる中国の博物館。その研究は、日本以上に進展している。

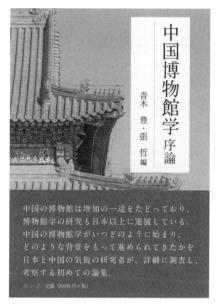

中国の博物館は増加の一途をたどっており、博物館学の研究も日本以上に進展している。中国の博物館学がいつどのように始まり、どのような背景をもって進められてきたかを日本と中国の気鋭の研究者が、詳細に調査し、考察する初めての論集。

青木 豊・張 哲 編

A5 判上製・カバー /312 頁
ISBN：978-4-639-02651-8
定価（本体価格 8,600 円 + 税）

序　章　中国の博物館学
第Ⅰ章　博物館学の濫觴
　　中国博物館学の前夜と萌芽期における博物館学の展開について
　　中国博物館学の萌芽期に関する初歩的研究
　　萌芽期の中国博物館学の著書に関する研究
第Ⅱ章　博物館学の展開
　　萌芽期の中国博物館学の成果と評価について
　　中国における博物館資料の保存及び修復について
第Ⅲ章　博物館関係法規とその具体
　　中国における古物古跡保存法に関する一考察―1911 年〜 1945 年の法令を中心に―
　　中国博物館関係法規の研究
　　中華人民共和国の「博物館管理規則」に関する一考察
　　西安市の行業博物館と博物館理事会制度
　　中国の博物館のアクセシビリティ―西安地域を事例として―
　　台湾の博物館史と法制度の現状
終　章　中国の博物館学に関する研究の意義
附録　関係法規 博物館条例・博物館法（台湾）

雄山閣　博物館学関連書籍のご案内

新刊 博物館と観光
社会資源としての博物館論

A5判・360頁・本体 3,200 円

激動する社会情勢のなか、博物館はなにを変え、なにを変えないべきか。観光化が進む現在、博物館が抱える問題を考える。

青木　豊・中村　浩・
前川公秀・落合知子 編

集客力を高める 博物館展示論

普及版 A5判・199頁・本体 2,800 円

"驚きと発見" の展示に人は集まる。大好評につき普及版刊行！

青木　豊 著

改訂増補 博物館学文献目録

A4判・704頁・本体 20,000 円

博物館学の学としての体系構築の基盤を目的に、明治から現代までの文献を広く博捜し掲載。収録文献数 2 万余点。

全国大学博物館学講座協議会 編

博物館学史研究事典

A5判・436頁・本体 12,000 円

明治時代から現代まで、博物館学はどのように議論されてきたのか。全 67 項目の学説の変遷をまとめる。

青木　豊・鷹野光行 編

地域博物館史の研究

A5判・322頁・本体 9,000 円

静岡県を中心に博物館発達に地域性が与える影響を考察する。

中島金太郎 著

棚橋源太郎
博物館学基本文献集成 上・下

各 A5判・350頁・本体 9,000 円

青木　豊 編

大正・昭和前期
博物館学基本文献集成 上・下

各 A5判・340頁・本体 9,000 円

青木　豊・山本哲也 編

明治期
博物館学基本文献集成

A5判・380頁・本体 9,000 円

青木　豊 編

博物館学事典

B5判・420頁・本体 16,000 円

博物館学における重要語句・概念、
法律や規則・指針など最新の成果を集大成。

全日本博物館学会 編

博物館学年表—法令を中心に—

B5判・250頁・本体 8,000 円

明治から平成まで日本の博物館の変遷を見通す。

椎名仙卓・青柳邦忠 著

人文系
博物館資料論・博物館展示論・
博物館資料保存論・博物館教育論

各 A5判・本体 2,400 円
238頁・245頁・220頁・246頁

学芸員養成新課程の改編・新設科目を詳述するシリーズ全 4 巻。

青木　豊 編